캐리
온

# KARY ON

# 캐리 온

10년 후, 꿈꾸던 내가 되었다    이은정 지음    **epikhē**

# 차례

| | |
|---|---|
| Prologue 내 삶은 한순간도 쉬운 적이 없었습니다 | 7 |
| 베베드피노의 시작은 블로그로부터 | 13 |
| 스카프 빕과 블루머도 우리 스타일로 | 24 |
| 베베드피노가 걸어온 성장의 여정 | 42 |
| 베베드피노는 곧 우리의 이름 | 49 |
| 브랜드의 성장과 함께하는 고민들 | 66 |
| 우리의 다음은 아이스비스킷 | 72 |
| 꿈의 공간, 캐리마켓을 열다 | 80 |
| 팬데믹은 우리에게 오히려 기회 | 94 |
| 우리만의 시그니처를 만들기까지 | 115 |
| 내가 사랑한 더캐리의 제품들 | 128 |
| 뭔가 특별한 더캐리의 직원들 | 141 |
| 누군가를 온전히 진심으로 대하려면 | 152 |
| 서울 토박이, 대구로 전학가다 | 159 |

| | |
|---|---|
| 늘 사람들에게 베풀라는 한마디 | 163 |
| 청춘과 방황의 날들 | 171 |
| 너만큼 패션을 잘 아는 사람은 없어 | 179 |
| 더없이 고마운 나의 전 직장들 | 185 |
| 엄마와 함께한 마지막 일 년 | 193 |
| 행신동에서 시작된 새로운 챕터 | 206 |
| 워킹맘으로 나답게 사는 법 | 214 |
| 진정한 나를 완성하는 취향에 대하여 | 238 |
| 자주 받는 질문들 | 261 |
| Epilogue 언제나 함께여서 든든합니다 | 281 |

**Prologue**
# 내 삶은 한순간도
# 쉬운 적이 없었습니다

나는 매일 아침 데이식스 「HAPPY」라는 노래를 들으면서 출근을 합니다.

May I be happy?
매일 웃고 싶어요
걱정 없고 싶어요
아무나 좀 답을 알려 주세요
So help me
주저앉고 있어요
눈물 날 것 같아요
그러니까 제발 제발 제발요
Tell me it's okay to be happy

꿈도 없고, 꿈꿀 여유조차 없었던 척박했던 나의
20대,
두 아이의 엄마가 되며 완전히 다른 삶을
치열하게 살아갔던 나의 30대,
시간적으로나 경제적으로 여유가 생긴 40대,
어쩌면 내 인생의 가장 빛이 나는 하이라이트일 것
같지만 여전히 나는 선택과 집중, 그리고 결정을
반복하며 고민하는 날들을 보내고 있습니다.
이제는 곧 다가올 50대를 기대하며, 행복의
의미를 깊이 고민하는 중입니다.
돌아보면, 내 삶은 단 한순간도 쉬운 적이
없었습니다. 많은 우여곡절을 겪으며 불안과
불확실성 속에서 살아왔지만 매 순간 책임감과
사명감으로 최선을 다해 왔고, 14년이 지난 지금
그 선택들이 최선이었고 옳았다는 평가를 받고
증명할 수 있어 그 시간들이 헛되지 않고 의미
있는 시간이 된 것 같아 감사한 마음입니다.
몇 년 전, 출간 제안을 받았을 때 나는 선뜻
결정을 내리지 못했습니다. 내가 아직 이 책을 쓸
준비가 되어 있지 않다고 생각했기 때문입니다.
해야 할 일이 너무 많고, 보여 줄 것 또한 많다는

생각이 앞섰습니다. 그리고 무엇보다도 나는 성공이라는 단어를 내 삶에 붙이는 것이 어색했습니다. 나는 여전히 성장 중이라고 느꼈고, 아직은 때가 아니라고 스스로를 설득했습니다.

30대와 40대 중반까지 나는 한순간도 뒤돌아볼 여유 없이 달려 왔습니다. 목표를 이루기 위해 쉼 없이 노력했고, 그렇게 지나온 시간들은 마치 잡으려 해도 잡히지 않는 흐름처럼 나를 지나쳐 갔습니다. 그러다 몇 년 전부터 여러 인터뷰와 기록들을 통해 나 자신을 돌아볼 기회가 생겼습니다. 내가 어떤 사람인지, 무엇을 중요하게 여기는 사람인지, 그렇게 잊고 있었던 〈나〉를 조금씩 알아 가는 시간이었습니다.

어느 날, 문득 내 삶을 글로 기록해야겠다는 생각이 들었습니다. 너무 빠르게 흘러가 버린 시간들이 아쉽기도 했고, 언젠가 그 기억이 나에게, 또는 다른 누군가에게 필요할지도 모른다는 마음에서 출발했습니다. 동시에, 나의 삶을 정리하며 나 자신을 객관적으로 바라보고, 성찰하는 시간을 가져 보고 싶다는 열망이 생겼습니다. 그렇게 용기를 내어 이 책을 쓰기로 결심했습니다.

물론, 누군가에게는 이 책이 흔한 에세이처럼 느껴질 수도 있습니다. 그러나 나는 나 자신의 이야기를 진솔하게 담아내고자 했습니다. 지금의 내가 이 자리에 있을 수 있었던 것은 단순한 운이 아니라, 어린 시절부터 쌓아 온 노력과 경험들, 그리고 그 과정에서 발휘된 나만의 재능 덕분이라는 사실을 깨닫게 되었습니다. 이 책은 그런 깨달음을 기록하고, 내 삶의 궤적을 스스로도 더 깊이 이해하려는 노력의 결과물이 될 것 같습니다.

나는 현재 〈더캐리〉라는 회사를 운영하는 대표이지만, 그 전에 나는 두 아이의 엄마이자 이은정이라는 지극히 평범한 한 사람입니다. 어린 시절 나는 특별한 재능도 없었고, 내가 하고 싶었던 걸 할 수 있는 용기도 없었고 운 또한 따라 주지 않았던 것 같습니다. 너무나 평범했던 내가 어떻게 해서 평범하지 않은 삶을 살아 갈 수 있었는지, 그 과정을 알고 있는 나 자신도 가끔은 믿기 어려울 때가 있지만 그 모든 순간들이 모여

지금의 나를 만들었고, 이 이야기가 누군가에게
작은 영감과 용기가 되기를 바랍니다.
이 책을 읽는 모든 분들에게 전하고 싶습니다.
사람마다 살아가는 방식은 모두 다르고, 나 역시
그랬습니다. 나처럼 평범했던 사람이 어떤
마음가짐으로 이렇게 살아왔는지, 그 과정에서
느낀 것들과 배운 것들을 나누고 싶었습니다.
이 책은 어렵지 않게, 흘러가듯 편안하게
읽히기를 바랍니다. 그러나 그 안에서 한 사람이
걸어온 길과 마음을 느껴 주셨으면 좋겠습니다.
나의 이야기가 여러분의 삶에 작은 울림이나
영감이 되기를 바라는 마음으로 글을 썼습니다.
이 이야기가 단순히 나 자신을 위한 기록으로
끝나는 것이 아니라, 여러분의 삶에도 작게나마
긍정적인 영향을 줄 수 있기를 간절히 바랍니다.
이 책이 전하는 메시지가 여러분에게 따뜻한
공감으로 다가가길 바랍니다.

                              2025년 가을에.

# 베베드피노의 시작은 블로그로부터

첫째 딸 솔이를 낳은 해인 2010년, 나는 아이와 관련된 육아와 아이템 정보를 나누고 싶은 마음으로 블로그를 시작했다. 그 블로그가 지금의 베베드피노로 이어지는 아주 작은 출발일 줄은 꿈에도 몰랐다. 고양시 행신동의 작은 아파트에서 살았던 그때의 삶은 아주 만족스럽고 행복했다. 집안일을 열심히 하고 남편 내조에도 힘쓰며 현모양처처럼 열심히 하루하루를 살았으니까. 그때의 나는 출산 후에 다시 취직을 하려고 했지만 자신이 없었던 터였다. 그 당시 패션 회사는 근무 시간이 너무 길고, 야근도 자주 했다. 토요일 오전에도 근무를 할 정도였다(너무 오래전 얘기 같지만 불과 15년 전 일이다). 좋은 조건으로 어느 회사의 입사 제의도 받았지만, 육아를 겸하며 이런 근무 조건을 견딜 자신이 없었고 내가 출근한 사이에 솔이를 봐줄 사람도 마땅치 않았다. 시부모님은 구미에 계시고, 육아도우미 선생님을 모실 상황도 아니었다. 아이는 엄마가 키워야 한다는 당시의 사회적인 인식도 무시할 수 없었다. 시댁도, 남편도 은근히 그걸 바라는 것 같기도 했다. 하지만 출산 후 아직 어린아이와 집에만 있으니 처음 하는 육아가 너무 힘들고 막막해서 스트레스를 많이 받았다. 그러던 중 자연스럽게 맘 카페에 가입하게 됐다. 그 시절, 대부분의 엄마들은 블로그나 맘 카페에 가입해서 육아 정보도 보고, 쇼핑도 하고, 서로 이야기를 나누며 스트레스를 풀었다. 유튜브를 비롯한 SNS, 인플루언서도 존재하지 않던 시절이었으니, 지금의 인플루언서 공동 구매 같은 일도 맘 카페 속에서 벌어졌다. 누군가 필요한 아이 용품이 있으면 같이 사자고 공동 구매 글을 올리고 브랜드에 요청해 함께 할인을 받거나 배송비를 아끼곤 했다. 오래 전,

〈잼잼〉이라는 구매 대행 카페에서 알게 된 엄마들과의 인연은 지금까지도 이어지고 있다. 나는 그들이 나눠 준 조언과 정보 덕분에 아이들을 키울 수 있었다 해도 과언이 아니다. 그 시절의 커뮤니티는 나에게 여러모로 든든한 지원군이었다. 하지만 맘 카페는 워낙 다양한 사람들이 많고 나와는 성향이 잘 맞지 않아서 대신 시작한 게 블로그였다. 육아를 책으로만 접했던 나였지만 블로그를 운영하며 다른 엄마들과 서로의 경험을 나누는 사이 점점 빠르게 배우고 자랄 수 있었다. 나는 금세 하나의 육아용품을 고를 때도 수십 개의 후기를 읽고 가격을 비교하며 최선의 선택을 고민하는 엄마가 됐다. 모든 게 블로그 덕분이었다. 그때의 블로그는, 세상과 소통하는 나의 유일한 창이었다.

육아에 집중하며 집 안에서만 지내던 내가 처음 세상 밖으로 나섰던 계기는, 바로 딸아이의 첫 번째 생일이었다. 돌잔치는 내게 그저 단순한 행사가 아니었다. 누군가의 엄마로만 살아가던 내가, 다시 〈나〉라는 존재를 바라보게 된 결정적인 시점이었다. 그전까지는 거의 집에만 있으니 나는 매일 늘어진 티셔츠만 입고, 아이도 늘 내복 차림으로 살았다. 하지만 나는 돌잔치에 오신 손님들에게 솔이를 누구보다 예쁘고 특별하게 보여 주고 싶었다. 엄마인 나도 오랜만의 공식적인 외출인 만큼 심플하면서도 아름다운 옷을 입고 싶었지만 막상 찾아 보니 생각보다 괜찮은 선택지가 없었다. 없는 살림에 내 눈에 예뻐 보이는 옷을 찾으려고 하니 더 어렵기만 했다. 다른 엄마들은 대부분 백화점에 입점해 있는 브랜드의 블랙 원피스를 입었는데, 매장에 가 보니 가격이 70~80만 원씩 했다. 금액대가 비싸기도 하고 돌잔치 후로는 다시는 입을 일이 없을 디자인 같았다. 다들 입는 흔한 옷을 입고 싶지도 않아서 그때부터 열심히 인터넷 서핑을 했다. 〈엄마〉가 아닌 〈여자〉로서의 설렘을 다시금 느꼈던 순간이기도 했다. 고민 끝에 솔이에게 입힐 만한 드레스와 액세서리를 해외 사이트에서 선택했고, 그 과정에서 미국과 유럽 사이트 중에 한국에 아직 수입되지 않거나 잘 알려지지 않았던 새로운 브랜드를 보게 됐다. 배대지를 통해야 구입이 가능했고 직배송은 아예 불가능한 브랜드들이었다. 그때는 직구가 지금처럼 수월하거나 활발하지 않았다. 그러다 길트Gilt, 줄리Zulily라는 다소 폐쇄적인 사이트를 알게 됐다. 추천인 코드를 통해서만 들어갈 수 있었는데, 그 존재를 전혀 모르는 사람들이 많았다. 그런 사이트에서는 자정이 되면 그날의 핫 딜이 딱 24시간 동안만 공개됐는데, 그 사이트를 몇 달 동안 오가며 세일 아이템을 확인했다. 그러던 어느 날, 베라 왕의 세컨드 라인 드레스가 핫 딜로 떴다. 전부터 일반적으로 잘 알려지지 않았던 베라 왕의 드레스를 입고 싶던 차였는데 베라 왕에서 세컨드 라인으로 장식이 적고 심플한 드레스를 출시했고 그게 마침 핫 딜로 뜬 것이었다. 국내에서는 보기 힘든 다양한 컬러와 실루엣이 있었고 가격도 비교적 합리적인 편이었다. 외국에는 들러리를 위한 드레스들이 많은데, 우리나라에서는 돌잔치나 특별한 행사에 입기 적당한 디자인이었다. 몇 백만 원짜리 드레스를 50~70만 원이면 살 수

솔맘 스토리에서 선보인 베라 왕 드레스.

있었으니 이 정도 금액이라면 특별한 날을 위해 나도 살 수 있겠다고 생각했다. 한 벌을 구입해서 내가 입고 친구도 빌려 주면 좋겠다고 생각했는데 막상 고르다 보니 예쁜 드레스가 너무 많았고 욕심이 생겼다. 그래서 몇 벌을 넉넉하게 사서 블로그를 통해 돌잔치 드레스 대여를 해보면 되겠다고 혼자 합리화를 해버렸다. 한 번 대여해 주고 10만 원만 받아도 5번 대여하면 원금 회수를 하겠다 싶었던 거다. 블로그에 조금씩 이웃들이 생길 때여서 이렇게 엄마들을 위한 돌잔치 드레스 대여를 준비하고 있다고 글도 올렸다. 쇼핑할 핑계도 만들었으니 열심히 쇼핑을 시작했고 그 과정도 글을 올려 이웃들에게 공유했다. 많은 사람들이 관심을 보이며 대여하고 싶다는 댓글을 다는 걸 보고 어쩌면 승산이 있겠다고 생각했다. 그때도 돌잔치 대여 업체가 있긴 했지만 소수였고, 옷도 내 눈에는 다 비슷하고 촌스러워서 충분히 차별화를 할 수 있겠다 싶었다. 그렇게 〈솔맘 스토리〉라는 이름을 걸고 드레스 대여 카페를 정식으로 운영하기 시작했다. 처음에는 예산을 몇 백만 원 정도로 생각했는데, 점점 욕심이 나서 매일 밤마다 자정에 열리는 핫 딜로 옷에 어울리는 신발이나 볼드한 액세서리까지 다양하게 구입하기 시작했다. 평소 선뜻 살 수 없었던 하이엔드 브랜드 아이템으로 〈풀 세팅〉을 한 것이다. 그렇게 준비한 솔이 돌잔치는 돌상과 주변 공간을 예쁘게 세팅하고 당시에 유명했던 포토그래퍼 실장님을 섭외해 촬영한 사진으로 리뷰도 했더니 사람들의 반응이 뜨거웠다.
블로그 이웃 중에는 전문직으로 일하다 휴직을 하고 육아를 전념하던 분들이 있었다. 정보력과 나름의 영향력도 갖고 있던 사람들이었는데 그들에게 우리의 아이템을 보내 주고 홍보를 부탁하면 되겠다고 생각했다. 아니나 다를까, 결과가 무척 좋았다(그때 고객들 중 일부는 지금도 인플루언서로 활동하거나 개인 브랜드를 운영하고 있다). 덕분에 돌잔치 아이템 대여는 주말 일정이 꽉 찰 정도로 성공적인 행보를 이어갔다.
그러던 중에 새로운 고민이 생겼다. 대여했던 옷을 받아 확인해 보니 아기들이 옷에 자주

솔맘 스토리 블로그 메인 페이지.

음식을 흘렸던 것이다. 아기들 드레스가 보통 30~40만 원 상당인데 아기용 퓌레나 과일 물이 묻으면 드라이클리닝으로도 얼룩이 잘 지워지지 않아서 속상했다. 그래서 드레스 위에 입힐 스카프 빕 scarf bib 을 함께 보내야겠다고 생각했다. 스카프 빕은 턱받이와 같은 용도로 아기의 목에 둘러서 침이나 음식물이 옷에 묻는 것을 방지할 뿐 아니라 아기들의 옷차림을 더욱 돋보이게 하는 역할도 겸하는 패션 아이템이다. 하지만 당시 국내에 출시된 스카프 빕은 대부분 동물이나 다소 유치하다고 생각되는 컬러풀한 패턴이 많아 우리가 보유한 드레스 스타일과는 전혀 어울리지 않았다. 그래서 우리만의 스타일로 파스텔톤 컬러와 사랑스러운 패턴의 스카프 빕을 직접 제작해야겠다고 생각했다. 이왕 만들 거면 택도 제대로 달고 브랜드도 정식으로 만들어 보고 싶었다. 브랜드 이름을 첫째 솔이 이름과 연관해서 짓고 싶었는데, 남편이 스페인어로 〈아기 소나무〉라는 뜻의 〈베베드피노〉라는 단어를 제안했다. 어감이 부드럽고 따뜻해서 그 말을 듣는 순간 마음이

끌렸다. 당시에는 그저 스쳐 지나갈 이름이라고 생각했는데, 그 이름이 훗날 이렇게 큰 브랜드로 성장할 줄은 상상도 못했다. 그렇게 사랑하는 아이의 이름에서 출발한 베베드피노는 우리 가족의 이야기이자 수많은 아이들의 이야기를 함께 담아 가는 브랜드가 되었다.

2010년 베베드피노 블로그 메인 페이지.

## 스카프 빕과 블루머도
## 우리 스타일로

우리는 당시 유행하던 북유럽 브랜드의 느낌을
담고 봉제도 핸드메이드 타입으로 마무리해
디테일까지 완벽한 스카프 빕을 만들고 싶었다.
남편과 내가 둘 다 패션 회사를 다녔던 게 큰
도움이 됐다. 남편이 동대문 종합 시장에 가서
스카프 빕에 적당한 원단을 사고 기존에 알던
거래처에 가서 부탁을 했다. 남편도 그만의
안목과 오랜 경험이 있어서 샘플 제작이나 가격
조율을 잘했다. 그렇게 완성된 스카프 빕을
대여한 옷과 함께 예약 고객에게 보냈는데,
사용하신 분들이 다들 스카프 빕에 대해
문의하며 별도로 구매하고 싶어 했다. 처음에는

대여용으로 소량만 만들었다가 제대로 규모 있게 만들어 보자고 생각해 원가 25만 원 상당의 원단으로 매출 3백만 원 규모의 제품을 만들었다. 블로그에 스카프 빕 구매 글을 오픈했는데, 놀랍게도 하루 만에 제작했던 3백 장이 전부 팔렸다. 지금을 기준으로 해도 짧은 시간 안에 큰 매출이었다. 역시 내가 필요한 건 사람들도 역시 필요로 한다는 생각이 들었다. 결국 3차까지 제작했는데 점점 판매되는 속도가 빨라졌고 마지막에는 거의 10분 컷으로 마감됐다. 결과가 좋으니 점점 자신감이 생기고 자존감도 상승했다. 다음 아이템을 고민하던 차에 이번에는 블루머bloomer가 떠올랐다. 블루머는 품이 넓고 하단에 고무줄을 넣어 활동하기 편하게 디자인된 바지인데, 유럽에서는 아기는 물론 어린이들에게도 블루머를 많이 입힌다. 그때 나는 마키에MAKIÉ, 레 지우스Les Zigouis 같은 브랜드의 무드에서 많은 영감을 받았고 무채색 톤 온 톤 색감의 옷들이 세련됐다고 느끼고 있었다. 북유럽 분위기의 브랜드는 우리나라에서 아이들 옷에 잘 사용하지 않는

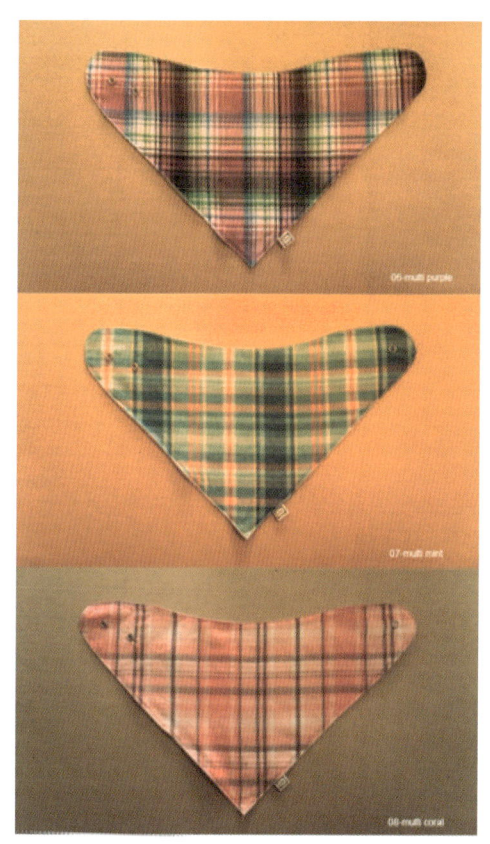

당시 인기를 끌었던 스카프 빕.

리넨을 주로 사용한다. 내추럴한 구김이 멋스러운 블루머에 올드솔oldsoles처럼 부드러운 가죽 신발을 신기는 게 전형적인 북유럽 룩인데, 나는 그게 너무 특색 있고 예쁘다고 생각했다. 우리가 제작한 블루머는 부드럽고 후들후들한 데님 소재, 시원하고 찰랑찰랑해서 구김이 잘 가지 않는 텐셀 소재 등을 사용했다. 엄마들은 아기 옷에 구김이 가는 걸 싫어 하니 세탁하고 마르면 깔끔하게 스타일링 할 수 있는 소재를 선택한 것이다. 사이즈는 무조건 프리 사이즈로 제작해 2~3살부터 6~7살까지도 입을 수 있게 했다. 허리와 다리 부분에 고무줄을 넣어서 갓난아기부터 유치원생까지 모두 편하게 입을 수 있었다. 아이들이 활동하기 편했고, 기저귀를 교체할 때도 한 번에 쑥 벗겨지고 물에 젖어도 금세 마르는 원단이어서 반응이 좋았다. 블루머도 다행히 3차까지 모두 완판 행진을 이어 갔다.
다음으로 연이어 준비한 아이템은 블루머에 잘 어울리는 블라우스였다. 깅엄 체크 원단에 목과 소매 부분이 고무줄로 되어 있어 블라우스와

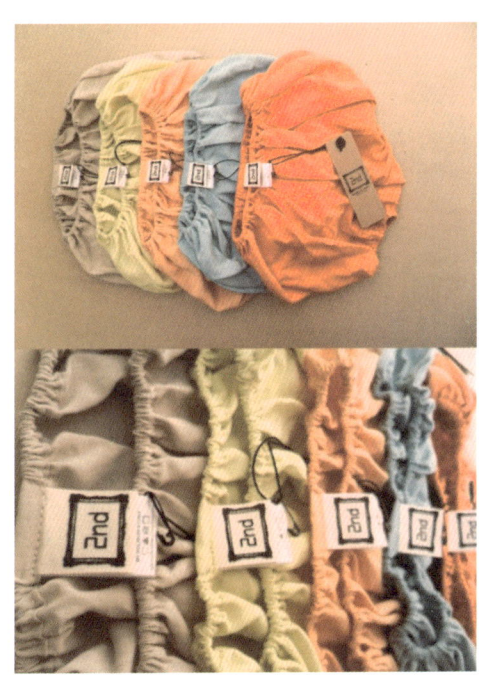

완판 행진을 이어간 블루머.

소재 좋고 활용도 높은 블루머를 만들기 위해
수많은 원단을 고르고 골랐다.

원피스, 두 가지 스타일로 입힐 수 있는 디자인을 구상했다. 엄마들 사이에서 한 가지 아이템으로 두 가지 스타일을 연출할 수 있으니 가성비가 좋고 디자인도 유니크하다고 입소문이 났다. 갑자기 블로그 방문자가 엄청나게 늘었고 검색을 통한 유입도 많아졌다. 세련된 엄마들이 리뷰 사진도 잘 찍어 줘서 오히려 내가 올린 사진보다 더 예쁠 정도였다. 우리의 아이템들은 점점 규모가 커지고 개수도 늘어나서 나중에는 지금으로 따지면 아주 규모가 작은 컬렉션을 구성할 정도로 성장하고 있었다.

블루머는 니삭스와 정말 잘 어울리는데, 시중에 판매하던 니삭스는 리본이나 레이스가 달린 디자인이 많아서 남자아이들에게는 잘 어울리지 않았다. 북유럽에서는 남자아이들이 니삭스를 자주 신는데 내 눈에는 그게 너무 예뻐 보여서 꼭 남자아이들을 위해 베이지, 라이트 그레이, 피치 같은 오가닉 컬러의 심플한 니삭스를 제작하고 싶었다. 당시 외국 브랜드에서 출시된 니삭스는 예쁘긴 해도 한번 세탁하면 보풀이 나고 품질이 좋지 않은 제품이 많았다. 양말 한 켤레에 3~4만

블루머에 이어 제작한 깅엄 체크 블라우스. 원피스로 활용하기도 했다.

원이나 하는데 금방 보풀이 나면 너무 속상하기 마련이어서 우리는 양말에 적합한 원단을 한참 동안 연구했다. 양말을 처음 제작했을 때가 아직도 생각난다. 솔이가 아직 어려서 아기 띠로 안고 남대문 시장 쪽을 돌고 있었다. 남대문에서 제일 큰 양말 매장에 가서 양말을 하나씩 꼼꼼하게 보고 있으니 어떤 사장님이 와서 이유를 물어 보셨다. 양말 원단을 연구하는 중이라고 하니 이 매장에 양말을 납품하는 공장을 운영 중이시라고 했다. 너무 반가워서 우리 브랜드를 열심히 소개하고 이러저러한 양말을 만들고 싶은데 가능할지 여쭤 보았다. 양말은 최소 주문 수량이 많은데 괜찮겠냐고 하셔서 무조건 하겠다고 했다. 양말을 일단 짜놓고 프린트를 나중에 후염으로 찍으면 몇 년이 걸리더라도 소진할 수 있겠다는 게 당시의 내 판단이었다. 우여곡절 끝에 결국 내가 세운 계획대로 프린트를 찍어 양말을 제작했다. 양말에 대해서는 지식이 전혀 없었기 때문에 사장님께서 많은 부분을 도와 주셨지만, 그래도 처음에는 프린트가 떨어지기도 하고 원단이

줄어드는 등 많은 시행착오가 있을 수밖에 없었다. 제품이 튼튼하지 못하면 유럽 브랜드와 차별화되기 어려워서 원단 테스트도 수없이 많이 했다. 프린트가 떨어지지 않게 하려고 열 처리를 많이 하다가 그만 양말에 보풀이 생겼고, 결국 집에 와서 보풀 제거기로 보풀을 일일이 제거한 후에 포장도 직접 했다. 최종 원단은 면 99%, 스판덱스 1%로 구성됐는데, 아마 폴리 원단을 많이 섞었다면 표면도 매끄럽고 보풀도 덜 생겼을 수 있지만, 아기들 양말이니 끝까지 타협할 수가 없었다. 그대로 제작한 후에 소재와 보풀에 대한 설명을 고객들에게 솔직하고 자세하게 했더니 감사하게도 모두 이해를 해주셨다. 베베드피노 카페를 1년 정도 운영하면서 2민 명이 넘게 회원이 늘었지만, 여전히 내가 가입을 승인해야 글을 볼 수 있고, 어느 정도 등급이 되어야 구매를 할 수 있는 다소 폐쇄적인 시스템이었다. 당시의 카페 회원들은 내가 모든 아이템을 진심으로 만들고, 솔이에게 몇 개월 동안 입혀보고 테스트한 것만 정식 제품으로 올린다는 것까지 알고 믿고 구매하는 사람들이었다. 제작 아이템의 매출도 좋았고 나도 즐겁게 일했지만 아무래도 혼자서 다수의 의견을 듣고 기획, 제작, 촬영, CS까지 다 하기에는 에너지가 많이 소진됐다. 카페에 조금이라도 좋지 않은 리뷰가 하나 올라오면 심장이 쿵 내려앉는 듯한 압박과 스트레스도 많이 받았다. 정식 주문 시스템을 갖추기 전이었으니 주문서도 100% 수동으로 체크해야 했고, 종종 누락되거나 배송 오류가 생기기도 했다. 무엇보다 모든 걸 혼자의 힘으로 해낸다는 건 이제 도저히 불가능하다고 생각했다. 그래서 베베드피노의 공식 사이트를 만들고 온라인 결제 방식도 체계적으로 수립하기로 했다.
베베드피노의 정식 홈페이지를 제작하는 일을 남편이 도맡았고, 그간의 고민이 무색할 만큼 빠르게 진행됐다. 외주로 맡기는 건 처음부터 생각도 안 하고 모든 인건비를 최소화한 상태에서 가내 수공업처럼 모든 일을 우리가 직접 했다. 홈페이지의 메뉴가 카페에 있던 것과 대부분 비슷해서 나도 고객들도 적응하기가 수월했다. 사이트를 오픈하자마자 고객들의

베베드피노 초창기 홈페이지 메인 페이지.

반응이 너무 좋았다. 첫 프로젝트를 공개했을 때는 하루에 6천만 원 정도의 매출을 달성했다. 지금 규모와는 비교도 되지 않게 작은, 오직 한 사이트에서 발생한 매출이니 대단한 일이다. 사이트를 열면서 베베드피노를 위한 사무실도 얻었다. 블로그와 카페에서 1년 반 정도 운영해 종잣돈을 약 1억 원 정도 모았는데 세금을 내고 나니 남은 자본이 7~8천만 원 정도였다. 솔이가 3~4살 즈음이었는데 차가 없으니 확실히 기동력도 떨어지고 불편해서 집과 회사 일을 겸해 사용할 차를 한 대 사고, 집 근처 학원 건물인 상가 7층에 20평 정도 규모의 사무실을 보증금 2천만 원, 월세 77만 원에 구했다. 그러고 나니 3~4천만 원이 남았고, 그 금액이 오롯이 사업 밑천이 됐다. 그 즈음에 도련님이 우리 회사에 입사를 하게 됐고 MD, 디자이너 순으로 고용을 했다. 옛 직장에서 같이 일했던 후배가 MD로 입사했는데, 베베드피노의 첫 번째 남자 직원이자 지금의 중국 지사장이다. 그다음으로 입사한 첫 번째 여자 직원은 디자이너였고, 대학 졸업 전에 베베드피노에 인턴으로 왔는데 지금은 디자인실 팀장이 됐다. 그렇게 베베드피노의 초석을 만든 이른바 〈독수리 오형제〉가 구성됐다.

더캐리 일산 풍동 첫 사무실 입구.

더캐리 일산 장항동 사무실 입구.

## 베베드피노가 걸어온
## 성장의 여정

아동복은 신상품 시기, 제품 선정, 정확한 납기가 정말 중요하다. 아이들은 금방 크고, 계절별 옷이 분명하게 나뉘기 때문에 시기에 맞는 정확한 제품 선정이 필수다. 게다가 베베드피노는 제작 아이템이 대부분이어서 한 달에 한 번 정도는 프로젝트를 준비할 시간도 필요했다. 성수기는 대략 3~5월, 비수기는 6~8월이었는데 비수기에는 백화점도 세일을 하지만, 베베드피노는 노세일 전략이었기 때문에 거의 월별로 새로운 기획을 해야 했다. 겨울에는 우리 규모 정도의 브랜드가 아우터를 하기는 버거워서 봄버나 퀼팅 재킷, 코트 정도의 가을 옷에서 매출이 끊기는 구조였다. 겨울 비수기가 커져 갈수록 고민이 늘어났다. 베베드피노는 처음부터 돌잔치 의상으로 많이 알려져서 당시 북유럽 감성의 옷을 좋아하던 엄마들은 물론이고 아기 돌이나 백일 사진을 찍는 스튜디오에도 대량 구매로 많이 팔리고 있었다. 그래서 스튜디오에서 필요한 북유럽 홈 데코 아이템을 함께 만들면 좋겠다고 생각하고 인형, 쿠션 같은 홈 데코 소품을 만들기 시작했다. 북유럽 스타일 가구에 어울리는 수입 리빙 브랜드 아이템은 당시 기준으로 품목도 한정적이고, 빠르게 품절되어 우리가 핸드메이드로 만들어 보자고 생각한 것이다. 그렇게 제작된 베베드피노 홈 데코 아이템은 말 그대로 리얼 핸드메이드였다. 남편이 패턴을 뜨고, 내가 인형 솜을 넣으면서 가내 수공업으로 만들었기 때문이다. 도련님이 베베드피노의 첫 직원으로 합류해 우리 사업을 함께하기 시작한 것도 그 즈음이었다. 비수기 매출을 일으키기 위해 도련님까지 셋이 함께 모든 아이템을 열심히 만들었다.

처음에는 직원이 5명으로 늘어나는 게

부담스러웠다. 게다가 남편은 회사에서 최연소 디자인실 실장으로 활발하게 일하고 있을 때였고, 패션 브랜드를 신규로 준비하며 회장님께서 직접 남편에게 런칭을 맡겼던 상황이라 퇴사하기가 어려웠는데 딱 1년만 같이 해보자고 설득했다. 한편으로는 남편이라도 안정적인 수입을 갖고 있는 게 낫나 싶기도 해서 조금 두려웠지만 1년만 휴직을 하고 결과가 좋지 않으면 다시 회사로 돌아가라고 했다. 남편의 베베드피노 합류 사실은 처음에는 양가에도 비밀이었다. 내가 사업을 한다는 건 부모님들도 아셨지만, 남편도 휴직하고, 도련님까지 합류했다는 건 절대적으로 비밀로 할 수밖에 없었다. 도련님은 좋은 섬유 회사에 잘 다니고 있던 터라 처음에는 당시 월급의 2배를 준다고 해도 거절했지만 오랜 시간 설득 끝에 합류하게 됐다. 모두가 합류한 첫 달부터 매출이 잘 나와서 그제야 안도할 수 있었다. 하루에 6천만 원이 넘게 매출이 올랐는데, 자사 몰이라 별도의 유통 수수료도 없으니 대박이라고 환호성을 지르며 좋아했다. 그때는 너무 기뻤지만 그 행복도 잠시였다. 큰 제작 사고가 난 것이다. 회사 규모가 커진 후에 진행한 첫 번째 프로젝트라 정말 중요한 아이템이었는데 베베드피노의 시그니처이자 베스트셀러인 텐셀 소재 스트라이프 티셔츠였다. 지금도 시즌 별로 출시하고 반팔부터 7부, 긴 팔까지 다양하게 나오는 제품인데, 보트넥 디자인이어야 할 티셔츠가 오프숄더로 나온 것이다. 정확하게 제작 수량은 기억나지 않지만 역대 최대 수량이었으니 최소 3천 장 규모에 3가지 컬러로 제작했던 거였다. 원래대로라면 3백~5백 장 정도 만드는데 이 제품은 한번 도전해 보자는 뜻으로 유독 많이 만들었는데, 설상가상으로 사고가 나버린 것이었다. 매번 제작하는 티셔츠에서 그런 사고가 날 줄은 꿈에도 생각하지 못했다. 공장에서 픽업해서 바로 검품을 마치고 당일에 발송을 해야 하는 일정이었다. 고객들에게 약속한 배송 날짜는 내가 정한 것이니 사과를 하는 게 맞다고 생각했다. 7백 명에 달하는 고객들에게 전부 사과 전화를 걸어〈기존 옷을 반품하지 않으셔도 되고,

다시 제작한 옷은 무료로 보내 드리겠다〉고 했다.
다시 잘 만들어서 3주 만에 다시 무사히
발송했다. 그후 고객 리뷰에 〈해외 브랜드보다
늦게 오는 브랜드〉 같은 얘기도 보였지만, 오히려
나를 위로하고 응원하는 리뷰들도 많이 올라와서
그렇게 또 한고비를 넘겼다. 그때의 사건 덕분에
우리는 오히려 CS에 대해 배울 수 있었다.
이후에도 내가 CS를 맡을 때는 웬만하면
고객들의 요구를 다 들어줬다. 구입한 지 6개월이
지나서 고무줄이 끊어졌다고 해도 새 제품으로
바꿔 주고 1년이 지난 후 바느질이 튀었다고 해도
교환해 줬다. 고객들이 그 많은 브랜드 중에서
베베드피노를 선택했고 우리 제품을 좋아해
줬다는 것만으로도 고마웠기 때문이었다.
직원들이 늘어나고 정식으로 CS 팀이 생겨서
내가 더 이상 직접 응대를 하지 않게 되었을
때에도 시스템이 정착되기까지 어려운 일들이
많았다. 이런저런 컴플레인 때문에 버티지
못하고 퇴사한 직원들도 있었고, CS 매뉴얼이
안정되기까지는 꽤 오랜 시간이 필요했다. 사실
요즘도 이슈가 생기면 SNS DM으로 내게 연락이

올 때도 있다. DM을 매번 곧바로 체크할 수 없어서 확인이 어려울 때가 많지만 가끔 읽어보면 과한 요구라고 생각되는 경우도 있고, 반대로 이 정도는 해결해 줄 수 있는 것 같아 고객에게 미안한 감정이 드는 경우도 있다. 아직도 CS 담당 직원들에게 되도록이면 고객의 입장에서 생각하라고 얘기하곤 한다. 우리 브랜드에 대해 만족스럽지 못하다고 느끼는 사람들이 최대한 적었으면 하는 마음 때문이다. 우리 브랜드를 아끼는 팬들이 점점 많아지지만 한 번이라도 불만족스러운 경험을 하면 쉽게 돌아서기도 한다. 그런 과정을 너무 많이 겪어봤기 때문에 그게 항상 두렵다. 나의 완벽주의 성향 때문에 더 그렇기도 하다. 모두가 다 나를 좋아할 수 없고 우리 브랜드를 좋아할 수 없는데도 마음으로는 잘 받아들여지지 않아서, 되도록이면 무리한 것도 그냥 해주고 싶은 마음이 크다. CS는 지금도 매우 중요한 영역이라고 생각하고, 지금도 더 좋은 시스템을 만들기 위해 꾸준히 노력하고 있다. 첫 번째 아이템 사고 이후에도 매 시즌마다 사건사고는 있었다. 프린트나 라벨 글씨가 뒤집어진 경우, 사이즈 라벨이 잘못 달린 경우, 세탁 라벨 오타 등 다양했다. 모두 사람이 하는 일이니 어쩔 수 없는 일이긴 하다. 실수를 줄이려고 노력하지만 실수가 생길 수 있는 가능성은 늘 존재하기 마련이다. 지금은 1년에 제작하는 수량 자체가 몇 백만 장이고, 한 가지 스타일마다 분량이 많다 보니 하나만 잘못 찍어도 수정이 불가능하고, 그 후폭풍도 너무 크다. 폐기한 경우도 많다. 몇 년 전에는 스키복이 잘못 나와서 몇 억 원 분량을 그대로 폐기한 경우도 있었다. 그냥 보기에는 입을 수 있는 정도의 실수였지만, 만든 사람이 자신 없다면 당연히 팔 수 없는 거니까. 아이들 옷이니 내구성 테스트도 정말 많이 한다. 전문 시험 연구원에서 원단부터 모든 부자재들을 엄격한 기준에 맞게 테스트하고 완성품까지 검사를 한다. 그럼에도 불구하고 생기는 모든 불량률을 최대한 줄이기 위해 우리는 꾸준히 노력하고 있다.

## 베베드피노는 곧
## 우리의 이름

베베드피노의 시작은 지금보다 훨씬 북유럽
스타일에 가까웠다. 브랜드 초창기에는 전혀
다른 두 가지 스타일을 매달 프로젝트처럼
선보였다. 하나는 스페셜 데이에 어울리는 모노
톤 컬러의 리넨, 코튼 소재를 활용한 세련된
슈트나 피터팬 칼라 블라우스 같은 포멀한
스타일이었고, 다른 하나는 지금의 베베드피노와
비슷하게 컬러풀하고 그래픽이 돋보이는 데일리
웨어였다. 그런 룩에 어울리는 액세서리도 함께
기획했다. 하지만 시간이 흐르면서 고객들의
반응과 실질적인 판매 데이터를 보니 아무래도
매일 편하게 입을 수 있는 그래픽 웨어들이 더

많은 사랑을 받았고, 자연스럽게 그래픽 웨어 방향으로 브랜드가 자리 잡게 됐다. 지금은 사람들이 베베드피노 하면 선명한 원색 컬러, 유쾌한 그래픽, 그리고 일상에서 특별함을 더해주는 감각적인 디자인을 떠올리지만, 사실 그 시작은 조금 더 절제되고 클래식한 무드였다. 요즘 베베드피노의 일 년을 살펴보면 먼저 S/S 시즌은 흐름이 뚜렷하게 신학기, 어린이날, 여름방학과 휴가 시즌, 이렇게 세 가지로 나뉜다. 신학기에는 바람막이 점퍼, 스웨트 셔츠, 스웨트 팬츠, 그리고 가볍고 활용도 높은 티셔츠 종류가 특히 잘 판매된다. 그 시기에는 새학기를 준비하는 아이들을 위한 실용적이면서도 스타일리시한 아이템들 위주로 기획한다. 그리고 어린이날은 베베드피노에서 놓칠 수 없는 굉장히 중요한 시기다. 특별한 날, 아이들에게 선물하고 싶은 기분 좋은 패키지와 감성 있는 제품을 준비할 수 있도록 다양한 선물 기획 아이템과 한정판 아이템을 구성한다. 매년 부모님들과 아이들의 기대가 점점 커지고 있어서 그만큼 정성과 감각을 더해 준비하고 있다. 그리고 핫 서머 기획은 여름방학과 가족 휴가 시즌을 고려해서 진행된다. 이 시기에는 비치웨어나 바캉스 룩 등 아이들이 여행지에서 입기 좋은 시원하고 경쾌한 아이템들을 키 아이템으로 잡고 제품을 구성한다. S/S 시즌은 아이들이 옷을 자주 갈아입고 계절의 변화에 따라 다양한 옷이 필요한 만큼 매출 비중도 크기 때문에, 그만큼 베베드피노에 있어 아주 중요한 시즌이라고 할 수 있다. 반면 F/W 시즌은 무엇보다 아우터 기획이 핵심이다. 특히 매 시즌 가장 높은 매출 비중을 차지하는 다운 재킷과 스키복 라인이 이 시기의 베스트 아이템이다. 기능성과 보온성은 물론 아이들이 입었을 때 스타일리시해 보이는 실루엣과 컬러감까지 고려해서 디자인하고 있다. 매 시즌마다 〈이번엔 어떤 히트 아이템이 나와야 할까?〉라는 부담감도 있지만, 그만큼 팀원들과 함께 많은 고민을 나누며 완성도 높은 결과물을 만들기 위해 노력한다.

요즘 MZ 세대 엄마들을 보면, 아이 옷을 고를 때 단순히 예쁘거나 귀엽기만 한 디자인보다는 브랜드의 감도, 자신의 취향과 맞는 무드를 더 중요하게 생각하는 것 같다. 아이 옷이지만 결국 〈내가 고르는 패션 취향의 연장선〉으로 바라보는 거다. 그래서 엄마의 패션과도 잘 매치되는 미니멀한 분위기, 중성적인 컬러, 실루엣이 세련된 디자인에 대한 선호가 확실히 더 높아졌다. 이런 변화는 실제 제품 기획에도 영향을 주고 있다. 예전에는 원색 컬러나 캐릭터 중심의 귀여운 스타일이 주를 이뤘다면, 최근엔 톤 다운된 컬러나 간결한 그래픽, 그리고 포멀한 무드를 베이스로 한 셋업 아이템, 심플한 라인업들이 반응이 더 좋다. 최근에 출시한 미니멀 로고 플레이 스웨트 셔츠나 베이직한 컬러감의 유틸리티 점퍼 같은 아이템은 부모님들이 〈이건 내가 입고 싶은 스타일〉, 〈아이 옷인데 감각적이라 좋다〉라고 많이 말씀하신다. 우리도 시즌 기획 때부터 이런 흐름을 인지하고 있어서 트렌디하면서 아이가 편하게 입을 수 있는 실용적인 옷에 집중하고 있다. 나도 실제 매장에서 고객들의 피드백을 들을 때마다 〈아, 요즘 엄마들은 정말 본인 취향에 맞는 키즈 브랜드를 원하고 있구나〉라는 걸 피부로 느낀다.

그래서 베베드피노는 단지 어린이만을 위한 브랜드가 아니라, 부모의 감성과 일상을 함께하는 라이프스타일 브랜드로 나아가기 위해 끊임없이 진화하고 있다.
베베드피노의 이름으로 지난 15년간 이어진 컬렉션을 보면 새로운 변화를 끊임없이 시도했다는 걸 알 수 있다. 지난 컬렉션 중 가장 기억에 남는 컬렉션을 꼽자면 단연 2013년 S/S 시즌의 「애쉴리 시리즈」다. 블로그와 카페를 통해 조심스럽게 브랜드를 알리다가 처음으로 공식 온라인 사이트를 통해 고객들에게 인사를 드리게 되었던 시점이었다. 구름, 번개, 비를 모티브로 한 애쉴리 그래픽은 베베드피노의 정체성을 더 많은 분들에게 각인한 아주 중요한 컬렉션이었다. 지금도 개인적으로 가장 아끼는 시즌이다. 베베드피노가 단순히 예쁜 옷을 만드는 브랜드가 아니라, 아이들의 감성과 상상력을 자극하는 스토리를 담고 있다는 걸 보여 준 시도였다고 생각한다.
반면에 아쉬움이 남는 컬렉션도 있다. 2014년 F/W 시즌은 패턴과 소재 면에서 과감한 시도를 많이 했던 시즌이었다. 성인복에서 영감을 받아 비건 레더, 네오프렌 같은 새로운 소재를 사용했고, 아이들 옷에 이런 스타일을 입히는 게 너무 재미있고 멋있다고 생각했다. 하지만 당시 시장에서 받아들이기에는 시기가 일렀던 것 같다. 노력과 열정은 컸지만 매출 면에서는 아쉬움이 남았던 시즌이었다. 그래도 그 경험을 통해 많은 것을 배웠다. 무조건 내가 보여 주고 싶은 걸 전개하는 게 아니라, 고객이 원하고 필요로 하는 것에 더 귀를 기울여야 한다는 것을. 새로운 시도는 언제나 필요하지만, 그 중심에는 결국 고객들의 니즈가 반영되어야 한다는 걸 다시 깨닫게 된 소중한 순간이었다.

매 시즌 컬렉션의 키워드나 스타일을 정하는 과정은 브랜드의 방향성과 시즌의 감성을 결정짓는 가장 중요한 시작점이다. 특히 베베드피노는 키즈 브랜드인 만큼, 아이들의 상상력을 자극하고 즐거움을 줄 수 있는 콘셉트를 중심으로 잡으려고 한다. 현실적인 요소보다 조금은 동화 같고, 엉뚱하면서도 위트 있는 상상에서 출발하는 경우가 많다. 예를 들어 하나의 시즌을 시작할 때는 먼저 큰 키워드와 콘셉트를 정한다. 그 과정에서 아이들이 좋아할 만한 이야기나 상징, 그리고 그 안에 담고 싶은 메시지를 고민한다. 그 후에 그래픽 팀과 함께 긴 시간 동안 시즌 그래픽을 개발한다. 단순히 예쁜 그림이 아니라, 전체 컬렉션의 분위기를 담아낼 수 있는 강력한 시각 언어를 만드는 중요한 작업이다. 그래픽이 어느 정도 방향이 잡히면, 그 요소들을 중심으로 스타일 기획을 세운다. 디자인실과 함께 시즌에 어울리는 실루엣, 소재, 컬러 등을 결정하고 각각의 아이템에 어울리는 그래픽을 얹어 샘플 작업을 진행한다. 그렇게 완성된 샘플들은 사내 품평회를 통해 실제 생산 여부를 최종 결정하게 된다. 이 모든 과정은 정말 많은 사람들의 협업 없이는 불가능한 작업이다. 모든 부서가 각자의 전문성과 열정을 쏟아부어야 비로소 한 시즌의 컬렉션이 완성되는 것이다. 매해 계절마다 4번의 컬렉션을 선보이기까지는 많은 사람들의 수많은 고민과 디테일이 담겨 있다. 그래서 고객들이 새로운 시즌 컬렉션을 보고 〈이번 시즌 너무 귀엽고 예뻐요〉라고 하면,

그 말 한마디가 모든 팀에게 가장 큰 보람이 된다. 그 힘이야말로 베베드피노를 지금까지 이어갈 수 있었던 원동력이다.

많은 사람들이 베베드피노의 룩북과 시즌 영상이 남다르다고 얘기한다. 우리에게 룩북과 시즌 영상은 단순한 촬영을 넘어 브랜드의 고유한 철학과 감성을 담아 내는 중요한 작업이다. 매 시즌마다 어떤 스토리를 어떻게 보여 줄지 고민하는 만큼 촬영 과정도 꽤 오랜 준비 기간과 팀워크가 필요한 프로젝트다. 가장 기억에 남는 건 2021년 F/W 시즌, 베베드피노의 첫 해외 캠페인 촬영이다. 스페인에서 진행한 촬영이었는데, 본사 콘텐츠팀과 현지 촬영팀이 처음으로 협업한 프로젝트였다. 베베드피노와 아이스비스킷, 두 브랜드의 캠페인을 함께 준비했는데, 지인의 지인을 통해 수소문한 끝에 찾은 로케이션과 포토그래퍼, 스타일리스트, 모델들과 정말 많은 이야기를 나누며 하나씩 방향을 잡아 갔다. 그때 촬영에서 헤어를 담당했던 브룩 닐슨Brooke Neilson은 버버리, 디올 키즈, 마크 제이콥스 등과 작업한 실력 있는 아티스트고, 영상 촬영을 맡은 이안 보디Ian Boddy는 밀크 매거진, 레몬 매거진, 스텔라 매카트니 키즈와 나이키 브랜드 이미지 등을 촬영한 정말 대단한 프로듀서다. 촬영하면서 우여곡절도 많았지만, 그만큼 의미 있고 소중한 경험이었다. 그 첫 해외 캠페인을 계기로 베베드피노만의 감도를 이해하고 함께 성장해 줄 수 있는 전담 크리에이티브팀을 꾸리게 됐다. 지금은 더캐리의 감성과 방향성을 누구보다 잘 이해해 주는 팀과 함께 매 시즌 촬영을 이어 가고 있는데, 이제는 서로의 니즈나 원하는 톤을 말하지 않아도 척하면 척, 바로 알아주는 호흡이 생겼다. 그래서 시즌이 거듭될수록 더 완성도 높은 결과물을 만들 수 있게 됐다. 촬영지는 브랜드의 시즌 콘셉트에 따라 매번 다르게 선정된다. 도심 속 감성이 필요할 때는 런던이나 파리 같은 클래식한 유럽 도시를, 자연과의 조화를 담고 싶을 때는 스페인이나 국내의 한적한 로케이션을 선택하기도 한다. 매번 〈이 장소가 우리 브랜드 무드에 얼마나 잘 어울릴까?〉를 기준으로 고민한다. 우리에게

아이스비스킷의 해외 캠페인 촬영 현장.

본사 컨텐츠팀과 현지 촬영팀이 협업한 프로젝트.

룩북과 영상은 단순한 마케팅 도구가 아니라, 시즌의 감성과 브랜드의 이야기를 시각적으로 전하는 하나의 작품과도 같다. 그래서 매번 더욱 깊은 애정과 공을 들일 수밖에 없다.
오랜 시간 동안 한 브랜드를 전개하다 보면 아이디어가 고갈되거나, 새로운 영감이 쉽게 떠오르지 않을 때가 있다. 나 역시 예외는 아니다. 어떤 시즌에는 시작부터 머릿속이 하얘질 정도로 아무것도 떠오르지 않을 때도 있었다. 그럴 때는 억지로 무언가를 생각해 내려고 하기보다는 오히려 모든 걸 잠시 내려놓고 일상에서 영감을 다시 찾는 쪽을 택한다. 아이들과 나누는 평범한 대화나 행동에서, 또는 주말에 캐리마켓을 둘러보며 고객들이 보여 주는 자연스러운 반응들 속에서 아이디어를 얻기도 한다. 어른들이 아니라 아이들의 시선에서 세상을 보는 방식으로 다시 생각해 보면 새로운 관점이 열리기도 한다. 나는 〈비워야 채워진다〉는 말을 믿는 편이다. 머리가 복잡할수록 오히려 물리적인 공간이나 루틴을 단순하게 정리한다. 산책이나 사우나, 짧은

여행을 통해 몸의 균형과 리듬을 다시 맞추고
재정비하는 것부터 시작하기도 한다. 그렇게
마음이 조금은 느슨해지고 여유로워질 때 비로소
다시 좋은 아이디어들이 하나씩 떠오른다.
팀원들과 나누는 대화도 큰 힘이 된다. 각자의
자리에서 고민하고 있는 디자이너, 그래픽팀,
마케팅팀과 이야기하다 보면 내 안에만 갇혀
있던 시야가 확 넓어지는 순간이 온다. 결국
브랜드는 혼자 만드는 게 아니기 때문이다.
아이디어가 고갈될 때는 무조건 채워야 한다는
압박보다 다시 브랜드의 본질을 바라보고 왜 이
일을 시작했는지를 돌아보는 시간이 필요하다고
생각한다. 그 시간들이 내게는 오히려 다음
시즌을 위한 중요한 터닝포인트가 되기도 한다.
베베드피노가 다른 아동복 브랜드와 가장
차별된다고 생각하는 점은 단순히 아이 옷을
만드는 것을 넘어 아이들의 상상력을 자극하는
스토리와 감성을 담은 컬렉션을 만들어 낸다는
점이다. 옷뿐 아니라 룩북, 영상, 그래픽
하나하나까지 브랜드의 감성을 충분히 경험할 수
있도록 하나로 연결된 세계관을 보여 주는

것이다. 무엇보다 베베드피노는 진짜 엄마, 아빠가 〈내 아이를 위해〉 시작한 브랜드라는 점에서 깊은 진정성이 담겨 있다. 〈솔이에게 입히고 싶은 옷이 없다면 내가 직접 만들어 보자〉는 마음으로 브랜드가 시작됐고, 둘째 결이가 태어난 후에는 자연스럽게 뉴본newborn과 베이비 라인으로 확장됐다. 아이들이 자라는 과정과 함께 베베드피노도 그 성장에 맞춰 조금씩 넓어지고 깊어진 것이다. 실제로 아이를 키우는 부모의 입장에서 시작했기 때문에 단순히 예쁘고 귀여운 옷을 만드는 것을 넘어서 아이의 일상 속에서 얼마나 편안하게 입을 수 있는지, 어떤 옷이 아이에게 좋은 경험과 감정을 줄 수 있는지에 대한 고민이 아주 구체적이고 현실적으로 담겨 있다. 아이와 부모 모두가 만족할 수 있는 디자인과 실용성의 균형을 추구한다는 것. 그것이 바로 베베드피노만의 특별한 출발점이자, 지금까지 흔들림 없이 이어져 온 철학이다. 우리는 베베드피노의 옷에서 아이와 가족을 향한 따뜻한 시선이 느껴지기를 바란다. 베베드피노가 추구하는 철학은 아주 단순하지만 깊다. 〈내 아이에게 입히고 싶은 옷, 그리고 그 마음이 전해지는 브랜드.〉 베베드피노가 처음부터 지금까지, 그리고 앞으로도 변함없이 지켜 가고 싶은 진심이다.

## 브랜드의 성장과
## 함께하는 고민들

브랜드 규모가 점점 커지면서 새로운 사람을
뽑는 게 가장 큰일이 됐다. 몇 개월 동안 5명이
멀티플레이로 일을 하니 회계, 생산부터
시작해서 부서마다 계속 사람이 필요했다.
초창기에는 남편과 내가 모든 부서의 직원들
이력서 검토부터 면접까지 직접 했기 때문에
〈어떤 직원을 뽑아야 되는지〉가 매일 숙제였다.
남편은 디자이너 출신이지만 그 시점부터는 경영
전반을 맡게 됐다. 나는 당시에 디자인 기획
업무를 주로 하면서 CS, 물류까지 담당했고
지금은 신규 사업 발굴과 디자인 업무를
중점적으로 보고 있다. 그런 면에서 남편에게 참

고맙다. 만약 경영까지 내가 도맡았다면 회사 규모가 결코 이렇게까지 성장할 수 없었을 것이다. 내가 하기 힘들거나 스트레스 받는 영역을 남편이 다 해주고 있다 해도 과언이 아니다. 주니어 브랜드인 아이스비스킷을 시작하는 것에 대해 모두가 반대할 때에도 남편은 주니어 틈새시장을 보고 내 의견에 동의했다. 내가 편집숍을 해보고 싶다고 했을 때에도 남편이 동의한 끝에 캐리마켓을 열 수 있었다. 남편은 그때마다 내 의견에 다 〈오케이〉를 했다. 남편과 가끔 그런 얘기를 한다. 우리가 사업적인 마인드를 타고난 게 아니라 자리가 사람을 만드는 것 같다고. 우리가 태어날 때부터 대표도 아니었고 막상 이 자리에 오니 도망갈 곳도 없으니 그저 열심히, 될 때까지 하는 수밖에 없는 거 아니겠냐고. 부모님이 사업을 하셔서 나도 그 피를 물려받았나 싶긴 하지만, 세상은 타고난 성정으로 모든 걸 해결할 수 있을 만큼 그리 호락호락하지 않았다. 결국 모든 일에 부딪히며 일을 배우고 많이 넘어진 경험들이 지금의 강인한 나를 만들어 준 게 아닐까 생각한다. 남편은 논리적인 사람인 반면 나는 촉이나 감으로 움직이는 사람이다. 서로 완전히 다른 성격이라 그 다름이 우리를 지금의 자리까지 올 수 있도록 만들어 준 것 같고, 부족한 부분을 차근차근 서로 채워 나갔던 게 우리 나름의 사업 성공의 비결이 아닐까 생각한다.

초창기 멤버였던 독수리 오형제는 우리 부부를 제외한 3명 중에 회계 담당으로 들어왔던 1명은 아쉽게도 최근에 퇴사했다. 8년을 일하고 퇴사한 그 직원이 얼마나 고맙고 그리운지 모른다. 얼마 전까지만 해도 오래 다닌 직원들이 꽤 있었는데, 회사 규모가 커지고 업무와 역할이 늘어나니 감당할 수 없는 부분이 생기는 듯하다. 초창기 직원들은 회사가 작은 규모일 때 들어왔으니 우리와 모든 걸 함께했는데, 요즘은 우리와 예전처럼 자주 보지는 못하는 사이가 되었다. 아쉽긴 해도 다른 직원들이 있으니 형평성 측면에서 쉽지 않다. 예전에는 오래 일한 직원이 퇴사하면 괜히 서운했는데, 이제는 마음을 비워 가는 단계에 이르렀다. 나는 아직도 우리 직원들이 요즘 잘 지내는지, 아이는 잘 크고 있는지 너무 궁금한데 이제는 물어보기가 어렵다. 이럴 때면 대표는 정말 외로운 자리라는 걸 느낀다. 직원들에게 지나 가며 안부 인사를 하고 싶어도 혹시나 내 기억과 다른 부분이 있을까 봐 말을 아낄 때도 있는데 그런 게 참 슬픈 것 같다. 이제는 이 많은 식구들을 전부 세세하게 신경 쓰기는 어렵게 되어 아쉬운 마음이 드는 게 사실이다.

가끔 나도 한 회사의 대표가 된 자신이 적응이 안 되는데 측근에 가까이 있는 사람들은 어떨까 생각이 들기도 한다. 코로나 팬데믹이 끝나고 정말 오랜만에 해외에서 친한 친구가 귀국했다. 우리 사업의 초창기인 블로그, 카페 운영 시절에 사진을 찍어 주던 친구였다. 첫째 솔이익 소위 〈기저귀 친구〉 엄마이기도 한 그녀는 패션 브랜드 VMD 출신이어서 당시에 돌잔치 대여 아이템 사진을 무척 감각적으로 찍어 주었다. 함께 스튜디오를 빌려서 우리 아이들을 모델로 촬영하기도 했고, 우리가 베베드피노를 전개하면서 돌잔치 대여업을 이 친구에게 넘기기도 했다. 그녀가 외국으로 이민을 갔다가 코로나를 비롯한 여러 이유로 4~5년 만에 한국에 왔는데, 나와 브랜드의 상황이 예전과 많이 달라져 있었던 거다. 그녀는 〈나는 그동안 정체되어 있었던 것 같은데, 너는 너무 달라져 있어서 앞으로 연락 못하겠다〉고 말했다. 나는 그 말이 너무 슬프고 서운하기도 했다. 왜 지금의 나도 그때와 같은 사람이라는 걸 사람들이 받아들이지 못할까 싶었다. 한번은 고등학교 친구들과 부산 여행을 갔는데 내가 친구들을 신경 쓰고 애쓰는 티가 났나 보다. 한 친구가 〈이은정, 애쓰지 마. 별로야〉라고 얘기했는데 정곡을 찔린 느낌이었다. 나도 모르게 불편한데 불편하지 않은 척 티를 내지 않았고, 재미없는데 재미있는 척을 한 거다. 「네가 그냥 잘 살면 돼. 아프지 말고 그냥 건강하게 있으면 돼. 그러다 우리는 또 그냥 만나는 거야. 억지로 노력하지는 마.」 그 말을 들으니 한 대 맞은 것 같았다. 처음에는 안타깝기도 하고 소중한 친구를 잃은 것 같은 느낌이었는데 요즘은 그런 일을 대하는 상황에도 많이 익숙해졌다. 솔직히 내가 생각해도 빠른 시간 안에 도저히 말도 안 되는 상황으로 바뀌었기 때문에 친한 친구들에게 있는 그대로 솔직히 얘기한다.「내가 나중에 또 몇 년 뒤면 너희들을 지금처럼 잘 못 만날 수도 있어. 그렇지만 그런 걸 우리 다 그냥 서로 이해하면 좋겠어.」요즘 들어 개인 시간이 점점 줄고 있다는 걸 느낀다. 아무리 바빠도 시간이 없어서 사람들을 못 만난다고 느껴 본 적은 없었는데, 요즘은 그런 말을 달고 산다. 이런 상황을 이해해 주는 사람들이 있고 이해하지 못하는 사람들도 있는데, 이해를 못하면 이제는 만나기가 어렵겠다는 생각이 든다. 사람들은 바쁜 나의 스케줄을 배려해 되도록 나에게 맞춰 준다. 내가 먼저 만나는 날짜를 정해야 하는 거다. 지인들은 나를 배려한다고 내게 맞추고 내 연락을 기다리는데 그 약속을 정하는 것조차 언젠가부터 내게는 스트레스가 됐다. 그래서 요즘은 되도록이면 저녁 약속을 잡지 않고 나와 가족을 위한 시간을 보내면서 최대한 휴식을 취하는 게 오히려 알찬 느낌이 든다.

## 우리의 다음은
## 아이스비스킷

아이스비스킷은 첫째가 초등학교에 입학할
즈음에 시작됐다. 입학 선물로 책가방을 많이
받게 됐는데 비싼 수입 브랜드부터 종류, 디자인
별로 다양했다. 그런데 아이가 몇 번 가방을 들고
다니더니 무겁고 불편해서 힘들다고 했다.
입학하기 전에 학교 책가방 메는 연습부터
시켰다. 유치원 때는 가방이 식판과 알림장만
들어갈 정도로 작았는데 초등학교부터는
교과서와 준비물까지 들고 가야 하니 익숙해지는
시간이 필요했다. 그래서 여러 가지 책가방을
메게 해봤는데 영 불편하다고 하니 고민이
많았다. 베베드피노를 초등학생 사이즈까지

만들까 싶기도 했는데, 베베드피노와는 디자인의 결이 맞지 않는다고 생각했다. 주니어 브랜드를 만든 후에 그들을 위한 특별한 가방부터 만들어 보자 싶었다. 학교에 갖고 다니는 용도 외에 다양하게 쓸 수 있고 가볍고 세탁도 용이하며 멀리서 봐도 눈에 띄는 디자인이었으면 좋겠다고 생각했다. 그게 아이스비스킷의 시작이었다. 이번 브랜드에서는 유통 부분을 조금 다르게 풀고 싶다는 마음이 있었다. 매출이 잘 나와도 온라인 브랜드나 쇼핑몰 브랜드라는 한계점을 경험해 봤기 때문이다. 패션계에서 그렇게 단정 지어 보는 시선을 느끼기도 했다. 그래서 서울, 강남권을 거점으로 해서 유통을 달리해 보면 좋겠다고 생각했다. 그렇다고 흔히 하는 팝업은 내키지 않았다. 어느 정도 자신감도 있었다. 베베드피노는 어떤 것을 시도하든 내 예상보다 결과가 좋았으니까. 베베드피노는 블로그와 카페로 시작해서인지 이미 바이럴이 잘 되어 있었고 마니아층도 형성되어 있었다. 그래서 단독 사이트에 올리자마자 물 흐르듯 모든 게 잘 됐다. 아이스비스킷도 그럴 줄 알았다.

아이스비스킷 런칭 캠페인 사진.

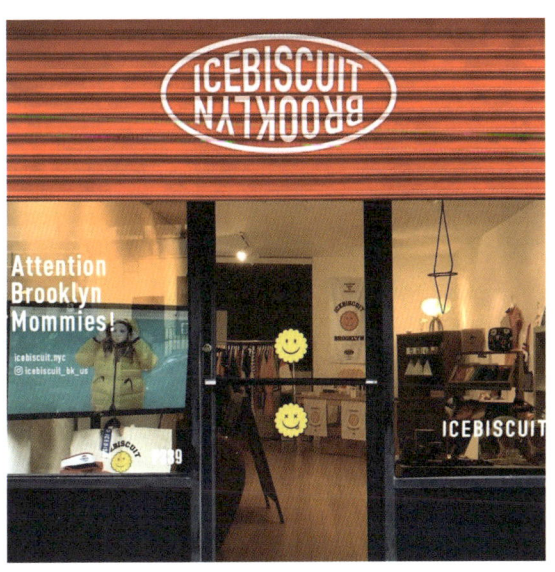

아이스비스킷 브루클린 팝업 현장 사진.

베베드피노 고객들이 당연히 아이들의 성장과 더불어 자연스럽게 아이스비스킷 고객이 될 줄 알았던 거다. 그런데 아니었다. 아이스비스킷의 처음 1~2년은 생각보다 매출이 저조해서 당황스러울 정도였다. 베베드피노 때 하지 못했던 핸드메이드 울 코트와 더플 코트도 만들었는데 생각보다 잘 판매되지 않았다. 초등학생이 세련되고 심플하게 입을 수 있는 옷을 만들고 싶었는데 사실 아이들은 무조건 트레이닝복 같은 가볍고 편한 옷만 입고 싶어 했다. 컬러도 베베드피노처럼 다양하게 사용했는데 그게 통하질 않았다. 아이들은 그보다 블랙, 그레이 컬러를 비롯한 무채색을 더 선호했다.

그래도 유니크한 디자인 브랜드라는 임팩트는 있었던 모양이다. 패션 관계자들이 굉장히 많은 관심을 보였고 영국 브랜드다, 미국 브랜드다 하는 소문이 무성했다. 브랜드 콘셉트를 브루클린 베이스의 스트리트 캐주얼 주니어 브랜드로 잡다 보니 자연스럽게 그런 방향으로 바이럴이 됐다. 처음에는 당시 영향력 있던 블로거들에게 제품 제공도 거의 하지 않았고 패션 관계자들에게만 소량을 보냈다(그때는 지금처럼 인플루언서가 활발하지 않을 때이긴 하다).

아이스비스킷 런칭과 캐리마켓 오픈은 비슷한 시기이다. 2016년 F/W 시즌, 9월이 아이스비스킷의 시작이고 캐리마켓을 오픈했을 때가 2017년 4월이었다. 캐리마켓은 국내에 아직 키즈 토털 편집숍이 없다는 고민에서 출발했다. 도쿄에는 빔즈, 파리에 가면 봉통이나 메르시, 콜렉트에 가지만 한국에는 백화점 밖에 없다는 게 너무 아쉽고 불편했다. 백화점은 주차도 힘들고 주말에는 사람이 너무 많은 데다 어린이들을 위한 키즈, 주니어 브랜드만 집중해서 보기는 어렵다고 생각했다. 마침 아이스비스킷 유통에 대한 고민도 있었다. 백화점이 답이 아니라면 우리가 직접 유통해 보고 싶다고 생각한 거다. 우리가 가진 브랜드만 모아서는 파워가 없으니 우리처럼 작은 브랜드들에게도 좋은 기회가 될 수 있겠다 싶었다. 지금은 예전에 비해서는 그 명성이나

2023년 아이스비스킷×이스트팩EASTPAK 컬래버레이션 팝업 현장.

상징성이 많이 축소됐지만, 가로수길의 힘은 여전히 건재하다고 생각해서 가로수길에 우리의 플래그십 스토어를 기획하기 시작했다. 아동복 브랜드로는 감당하기 힘든 월세와 경비가 있었지만 모든 걸 감내하고 실행에 옮긴 것이다.

## 꿈의 공간, 캐리마켓을 열다

캐리마켓의 탄생은 우리 회사의 첫 번째 터닝포인트였다. 브랜드 가치가 급속도로 상승하는 계기가 됐기 때문이다. 베베드피노의 매출은 당시에 3백~5백억 원 정도로 꾸준하고 변함없이 좋았다. 하지만 매출의 규모와 관계없이 베베드피노는 여전히 온라인 브랜드라는 인식이 있었고 아이스비스킷도 이제 막 시작된 브랜드여서 아직 존재감이 없었다. 그러다 캐리마켓이라는 특별한 공간이 생기면서 두 브랜드에 대한 인식도 달라지기 시작했다. 캐리마켓을 남다른 공간으로 만들기 위해 많은 고민을 했다. 캐나다 토론토를 기반으로 활동하는 소피아 최Sophia Choi 작가님을 초청하기도 하고, SNS에서는 〈찬할아버지〉로 유명한 이찬재 작가님 전시를 캐리마켓에서 열기도 했다. 3층에는 아틀리에를 만들어 전시와 연계된 키즈 아트 클래스도 열었다. 아이들이 10명 정도로 구성된 소규모 클래스에서 수업을 듣는 동안 엄마들은 휴식을 즐기며 쇼핑도 할 수 있으니 여러모로 만족도가 높았다. 개별적으로 수업을 듣기 어려운 선생님들을 모신 덕분에 단시간 내에 엄마들 사이에 빠르게 긍정적인 입소문이 났고, 결과적으로 선생님들과 엄마들, 아이들 모두 만족스러운 결과를 낼 수 있었다. 그리고 그게 고스란히 우리의 매출로도 이어졌다. 마케팅 홍보 전략의 일환이긴 했지만, 무엇보다 모두가 행복해하는 모습을 보는 게 좋아서 참 뿌듯했다. 오직 캐리마켓을 위해 가로수길에 1백 평 정도 되는 3층 건물을 전부 임대했으니 월세만 3천3백만 원이었다. 사실 얼마나 부담스러웠는지, 일주일 동안 잠을 못 잘 정도였다. 〈매출 1억 원만 달성해 보자, 캐리마켓이라는 상징적인 의미가 분명 있으니

가로수길 캐리마켓에서 진행된 찬할아버지 회상 전시.

가로수길 캐리마켓의 3층에 마련한 클래스룸.

가로수길 캐리마켓 전경.

적자는 보지 말자〉고 생각했지만, 우리는 사실 몇 만 원짜리 티셔츠를 파는 회사이니까 1억 원은 말도 안 되게 큰 숫자이긴 했다. 그런데 놀랍게도 6개월 만에 흑자가 됐다. 최소 1년은 걸릴 거라고 생각했는데 말이다.

캐리마켓이 우리의 첫 번째 터닝 포인트였다면 두 번째 터닝 포인트는 단연 한남동 사옥 이전이라고 말할 수 있다. 그전에는 집, 사무실, 물류가 모두 일산에 있다가 같은 시점에 집도, 사무실도 한남동으로 이전했다. 처음에는 사업을 이렇게 확장할 생각이 없었기 때문에 일산이 정말 좋았다. 하지만 일산 내에서 조금씩 회사 규모를 키우다 일산에서 가장 큰 건물 중 한 곳을 사옥으로 매매했는데도 여러 가지 한계가 조금씩 느껴졌다. 특히 임직원 채용을 할 때 일산이라는 지역이 큰 걸림돌로 작용하기도 했다. 연봉 계약까지 한 후 출퇴근 문제로 무산되는 경우도 생기고, 직원들이 서울로 미팅을 다녀오면 하루를 다 쓰고 업무 효율성이 떨어지는 걸 보면서 차츰 사옥 이전을 고민하게 됐다. 언젠가는 서울로 이전할 거라고 생각은 했지만

2019년 가로수길 캐리마켓에서 진행한
아이스비스킷 패션쇼 백스테이지 현장.

더 이상은 미룰 수가 없던 시점에 다다랐던 거다. 패션 회사는 사옥 위치를 대부분 강남이나 동대문 부근으로 선택하지만, 나는 한남동만의 분위기, 특히 한강진역에서 이태원역으로 이어지는 이태원로가 참 좋았다. 그러던 어느 날, 남편과 미팅 후 시간이 남아서 우연히 부동산 앱을 확인했는데, 내가 관심 있게 봤던 건물이 통임대로 나와 있는 게 아닌가. 이건 운명이다 싶어 그 길로 곧장 일산에서 한남으로 달려갔다. 그 당시 코로나로 인해 한남동 일대에 공실인 건물들이 많이 있었지만, 한남동의 랜드마크라고 생각했던 건물이 통임대로 나와 있어서 고민도 하지 않고 곧바로 계약했다.

당시의 더캐리는 물류 직원을 제외한 본사 임직원이 70명 정도 규모였다. 사옥을 이전하고 회사가 정상화될 때까지 초반에는 많은 어려움이 있었지만, 회사 입장에서는 또 다른 도약점이 되었다고 생각한다. 업계 사람들로 하여금 한남동의 얼굴과도 같은 건물 전체를 사용하는 더캐리라는 회사는 도대체 무엇을 하는 곳인지 궁금하게 했으니 말이다. 아무리 매출이 높고 회사 규모가 커져도 일산 사무실은 외부에 노출될 일이 별로 없었다. 일산에 있을 때나 한남동에 있을 때, 사실 더캐리의 규모는 크게 달라진 게 없었지만, 한남동으로 이전하면서 영향력 있는 지인들이 회사가 궁금하다며 초대해 달라고 하는 요청이 쇄도했다. SNS 피드에 회사와 사무실 인테리어가 노출될 때마다 〈이 정도 규모인 줄 몰랐다〉, 〈보통 회사가 아니었네〉, 〈캐리마켓만 하는 게 아니었구나〉 하는 좋은 반응들도 많았다. 사옥의 위치만 바뀌고 내부적으로는 변화가 없는데도 주변 반응이 달라진 게 사뭇 흥미로웠다. 당시 캐리마켓의 인지도는 베베드피노와 아이스비스킷을 이미 추월했던 상황이었다. 키즈 브랜드는 아이기 있어야 알 수 있지만, 캐리마켓은 아이가 없는 젊은 세대들에게도 많이 알려져 있기 때문이었다. 사옥을 이전했던 해는 여러모로 더캐리가 탄탄한 패션 브랜드 기업으로 사람들에게 인식되는 시기였다. 그러니 결론적으로 한남 사옥 이전은 정말 잘한 결정이었다. 다시 과거로 돌아가더라도 나는

한남동 사옥 전경.

한남동 사무실 내부. 이사 직후 2층 라운지.

지금과 같은 선택을 했을 것이다. 사실 윤 대표는 그 과정에서 탈모가 생길 정도로 힘들었고 고민도 많았다. 사옥 이전과 더불어 가족의 터전도 옮겨야 했으니 집과 아이들 학교도 모두 새로 알아 봐야 했다. 첫째의 중학교 입시까지 겹쳐서 여러모로 힘든 상황도 많았다. 하지만 결과적으로는 가족에게도 다 좋은 상황이 됐다. 마침 둘째도 조금 다른 방식으로 교육을 해보고 싶던 차였다. 터전을 옮기는 게 회사를 위한 것이기도 했지만 모든 면에서 우리 가족에게도 적절하게 타이밍이 맞아떨어졌다고 생각한다. 어쩔 수 없이 출퇴근 거리 상의 이유로 퇴사를 결정할 수밖에 없었던 직원들에게는 미안한 마음이 들었지만 그래도 문화적인 인프라나 시장 조사, 영업적인 면에서 직원들에게 한남동이 더 좋은 환경이라는 생각에는 변함이 없다. 이 모든 일들을 순수하게 우리의 힘으로 일궈 냈다는 사실이 지금 생각해도 새삼 대단하다.

사업 초창기부터 우리는 늘 사람에게 투자를 했다. 함께 일하면 좋겠다고 생각이 드는 사람은 당장 자리가 없더라도 일단 뽑은 후에 그에 맞는

일을 만들어 주는 편이었다. 실력이 좋은
후배들에게 거창한 투자가 아니어도 선배로서
내가 쌓은 성공 데이터와 노하우가 좀 더 가치
있게 쓰였으면 하는 바람이 있었기 때문이다.
강연이나 인터뷰 요청이 꽤 많이 들어오지만
쉽게 응하지 않는 이유도 그 때문이다. 나 혼자만
유명해지는 건 리스크가 클 뿐 아니라 브랜드를
위한 길이 아니라는 마음이 든다. 과도한
마케팅이나 높은 매출로 주목을 받는 것보다는
우리만의 색깔과 취향이 있는 브랜드와 회사의
이미지가 지금처럼 잘 지켜졌으면 하는
마음이다.

## 팬데믹은 우리에게 오히려 기회

여느 패션 브랜드들이 그랬듯 더캐리도 코로나로 인해 많은 영향을 받았다. 처음 2~3개월은 오프라인 매장이 많이 힘들었다. 시대 상황이 어떻든 아이들은 성장하고 새로운 옷은 필요하니까 오래가지 않아 다시 안정을 찾았지만, 내부적으로 오프라인 매출이 안정적이지 못하니 온라인 쪽 유통에 집중하자는 전략을 수립했다. 온라인 MD 직원들도 많이 뽑고, 온라인 유통 채널도 적극적으로 늘렸다. 자사몰 위주였던 시스템을 외부 몰까지 유통시킨 결과, 온라인 일 평균 매출이 1,000% 가까이 상승했다. 외부 몰 중에서도 특히 종합몰을 적극적으로 넓혔다. 베베드피노 매출이 수직 상승한 해는 온라인에서 오프라인으로 확장해 첫 대리점을 시작했던 2018년이었다. 1년에 많게는 30~40곳까지 대리점을 확장 오픈했던 시기였다. 백화점도 팝업이었던 매장을 정식 매장으로 전환했고 매장마다 매출도 잘 나와서 주요 백화점 3사를 중심으로 점차 확장하게 됐다. 2017년에 캐리마켓을 오픈한 후, 이듬해부터 캐리마켓 오픈 제안을 많이 받았다. 2021년에 더현대 서울에 입점하면서 현대백화점 주요 지점에 입점하게 됐고, 2021~2022년에는 외형적인 확장을 멈추고 질적 성장을 중점적으로 매장 관리를 시작했다.

2021년부터는 컬래버레이션 제품들이 고객들로부터 많은 사랑을 받았다. 컬래비레이션 컬렉션을 선보일 때마다 새로운 고객 유입이 엄청났다. 특히 케어베어, 디즈니 등의 컬래버레이션은 매출을 급상승시키고 브랜드 인지도를 높여 줬다. 사실 컬래버레이션은 2017년부터 꾸준히 하고 있었다. 북유럽에서 유명하고 유니클로 협업으로 이름을 알린 스웨덴 작가, 리사 라르손Lisa Larson과 함께한 작업이 우리의 첫 컬래버레이션이었다. 북유럽 브랜드가 여전히 인기 있던 시기라서 소비자들에게 우리 브랜드를 더욱 대중적으로 알리고 싶어 시도한 것이다. 라르손은 꽤 까다로운 작가여서 당시에는 유니클로가 그녀와 유일하게 협업한 브랜드였다. 그런데 우리가 컬래버레이션을 제안했을 때 흔쾌히 승낙해서 사실 좀 놀랐다. 베베드피노는 팬덤 중심 브랜드였는데 라르손의 컬래버레이션으로 인해 새로운 고객들이 많이 유입되어 다행이었다. 그 다음으로 인기가 있었던 컬래버레이션은 일본의 나카가와 타카오Takao Nakagawa 컬렉션이었다. 타카오 작가의 그림 한 점이 너무 마음에 들어서 메일로 소통하던 중에 작업실에 방문해도 되는지 여쭤 보니 흔쾌히 오라고 하셔서 직접 일본으로 가기도 했다. 미국에서도 상당한 인지도가 있는 작가였는데 이렇게 작업실까지 방문한 브랜드는 우리가 처음이라며 굉장한 환대를 해주셨다. 우리의 행동력을 좋게 보셨는지, 작가님께서 집까지 초대해 주셔서 식사도 함께했던 기억이

# BEBEDEPINO
## ×LISA LARSON

**리사 라르손 | 1931~ | 스웨덴**

1970년대 스웨덴 세라믹 아티스트의 전설과도 같은 리사 라르손은 여전히 활발한 작업을 펼치고 있는 현재 진행형 작가다. 1950년부터 1980년까지 스웨덴 모슬린 브랜드 구스타브스베리에서 26년간 대표 작가로 활동한 그녀의 아티스트 인생은 어느덧 60년이 흘렀다. 앤티크 딜러의 컬렉터 사이에서 수집 목록이 된 그녀의 작품이 다시 세상의 주목을 받은 것은 세월이 한참 지난 2000년대 이후 일본에서의 인기와 재평가 덕분이라고해도 과언이 아니나 푸시운 캐릭조차도 사랑스럽게 발산시키는 그녀의 동물 시리즈 오브제와 세라믹 조각은 출처를 확신하기 힘든 오묘한 형태와 색감에 부드럽고 원초적인 힘을 품고 있다. 수십년을 한결같은 마음으로 작업을 즐기는 리사 라르손, 고전으로 머물 뻔했던 그녀의 작업이 여전히 사랑받고 있고 앞으로도 사랑받을거라는 사실은 그녀의 열정과 독창적인 작품 세계만으로도 충분히 가늠할 수 있다.

베베드피노는 스웨덴 작가 리사 라르손과 첫 컬래버레이션을 진행했다.

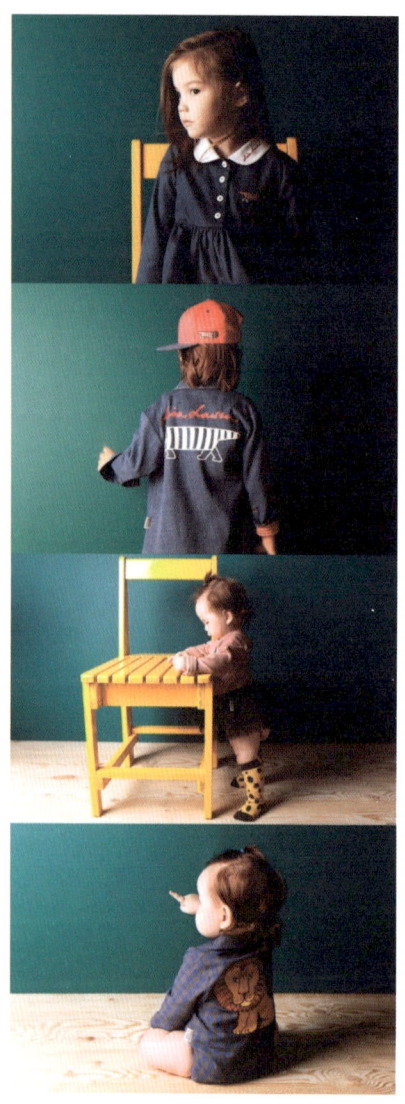

리사 라르손 컬래버레이션 제품.

난다. 나와 윤 대표가 일본어를 못해서 전문 통역가도 아닌 일본어가 가능한 생산부 직원과 찾아갔는데, 지금 생각하니 우리도 참 무모했다. 나중에 여쭤 보니 우리가 진짜로 올 줄은 몰랐다고 하셨다. (웃음) 우리는 생각한 건 미루지 않고 곧바로 도전하는 편이어서 타카오 작가와의 컬래버레이션도 빠르고 순조롭게 이루어졌다. 타카오 작가도 아이가 있는 아빠라 우리 제품을 보여 주니 긍정적인 반응을 보였다. 서로에게 좋은 인연으로 남아서 첫 컬래버레이션 후에도 꽤 오랫동안 같이 작업을 했는데 매번 마음에 들었다. 캐리마켓 신사를 오픈했을 때에 라이브 드로잉을 해주기도 했다.

우리는 컬래버레이션 사은품(GWP, Gift With Purchase)도 무한한 정성을 나했다. 케어 베어 컬래버레이션 때는 사이즈가 무척 큰 인형을 예쁜 패키지에 담아 선물했는데 사람들이 〈이게 사은품이라고?〉 할 정도로 퀄리티가 높았다. 마케팅 비용의 30% 이상을 사은품 제작에 사용했으니 이보다 더 크게 투자할 수는 없는 셈이다. 사은품 때문에 본 제품이 더욱 주목을

일본 작가 나카가와 타카오의 집에 초대된 우리.

가로수길 캐리마켓에서 타카오 컬래버레이션 전시를 진행했다.

타카오 컬래버레이션 제품.

받았던 경우였다. 그 당시에는 모든 일에 진심으로 직진했다. 매장이 한 달에 열 곳 이상 오픈하니 마음의 여유도 없이, 그야말로 모든 일에 미친 듯이 내달렸다. 큰 전략은 늘 같았다. 광고비와 모델비를 줄이고 그 금액이 고객에게 돌아가게 하자는 것. 그래서 사은품 퀄리티와 디자인에 더욱 신경을 썼다. 소비자들은 작은 사은품만 봐도 디자인이 완벽하고 특이하고 새로운 이 브랜드에 제작자들이 정말 애를 쓰고 공을 들였다는 걸 느낄 수 있기 때문이었다. 고객에 대한 포커싱, 그 다음에 무엇에 집중해야 할지는 일반적인 회사들이 공통적으로 하는 고민이다. 마케팅, 사은품, 인플루언서 시딩은 우리도 여느 다른 브랜드처럼 한다. 하지만 우리는 어느 부분에 힘을 주고 뺄 건지 명확했던 것 같다. 힘을 뺄 때는 철저하게 빼고 과감한 투자를 해야 하는 상황에서는 정확하게 했다. 재무팀이 미리 그려 주는 수익 구조의 틀 안에서 고객이 입고 싶은 디자인과 갖고 싶은 사은품을 만드는데 주력했던 것이다. 케어 베어 인형은 진짜 지금 생각해도 신의 한 수였다. 퀄리티도 좋고 무엇보다 예뻤다(지금도 우리 집 한 편에 놓여 있을 정도다). 백화점에 위치한 캐리마켓 오픈런도 그때부터 시작됐다. 디즈니 컬래버레이션 때는 곰돌이 푸우 보냉백 사은품 덕분에 오픈런이 있었다. 백화점 입장에서도 아동복 매장에 오픈런을 하는 건 전례 없이 처음 보는 상황이었다. 백화점 키즈 매장들은 평일에는 대체로 한산하고, 매장 직원들은 손님 응대보다 백화점 온라인 몰에서 판매되는 제품을 택배 보내는 일을 더 많이 한다. 그러니 우리 매장 오픈런은 정말 신기한 일이었을 것이다. 심지어 다른 매장 직원들이 구경 올 정도였다고 한다.

오프라인 매장을 어느 정도 확장하니 때마침 종합 몰이 공격적으로 영업을 시작했다. 무신사 키즈, 키디키디 같은 온라인 종합 플랫폼이 본격적으로 시작된 것이다. 우리는 사실 자사몰을 더 공격적으로 마케팅할 때였는데 플랫폼 사업을 해야만 하는 분위기가 자연스레 형성됐다. 캐리마켓 신사 오픈 이후로 직원 수가 많이 늘었을 때라서 온라인 사업부를 따로

가장 인기 있었던 굿즈 중 하나인 케어 베어.

아직 우리집 한 편을 차지할 정도로 퀄리티가 좋다.

키즈 매장으로는 이례적으로 오픈런을 했던 푸우 굿즈.

구성해서 분리시키고, 본격적으로 플랫폼을 기획하게 됐다. 팬데믹의 본격적인 시작이었던 2020년 이후에 오히려 더캐리의 전반적인 영업이익은 엄청나게 상승했다. 그래서 국내 기존 공장을 안정화시키고 중국과 베트남 공장도 새롭게 확장하고 원단도 미리 물량을 확보하는 등 생산비 절감을 위해 많은 노력을 했다. 우리는 제조업이라 생산비 비중이 가장 높으니 생산비 절감이 가장 큰 전략인 셈이다. 예를 들면 다운 패딩은 제작비가 정말 비싸다. 하지만 시장 가격이 있는데 아무리 제작비가 비싸다고 우리 브랜드만 아우터 가격을 올릴 순 없었다. 우리가 다운을 전문으로 하는 브랜드가 아니니 가격 저항도 매우 크다. 그렇다면 결국 제작비를 아낄 수밖에 없는데, 생산에서 비용을 아끼는 데 가장 도움이 되는 방법은 미리 만드는 것이다. 더캐리는 처음부터 자본력이 있는 상황에서 사업을 시작한 게 아니기 때문에 몇 년 전부터 미리 생산한다는 건 상당한 무리수일 수밖에 없다. 게다가 수요와 디자인 트렌드를 미리 예측해서 만든다는 건 참으로 어려운 일이다.

대기업의 프로세스와 다를 수밖에 없는 이유다. 대기업은 미리 몇 해 전에 미리 기획해 생산하는 것이 가능하고, 그래서 그만큼 디자인이 평이할 수밖에 없다. 우리 같은 작은 규모의 브랜드는 결국 그와는 다르게 트렌디한 디자인과 독특한 마케팅을 해야 하고, 한두 시즌은 더욱 폭발적인 반응이 터져야 그 자본으로 여유 있게 몇 시즌씩 미리 만드는 구조다. 더캐리는 컬래버레이션과 사은품으로 그 효과를 더한 것이다. 더캐리도 그런 방식과 실험을 거쳐서 지금은 전보다 많이 여유로워진 편이고, 그만큼 생산비도 많이 아끼고 있다.

자금 회전율도 전보다 높였다. 재무팀에서도 은행에 홍보 아닌 홍보를 해야만 한다. 은행들을 만나서 〈이번 해가 끝나면 우리 회사의 재무제표를 갖고 올 거다, 그러면 거래를 해보자〉고 한다. 그러면 회사의 재무 쪽에서 할 수 있는 일이 〈좋은 회사이기 때문에 자금을 넣어서 속도를 높이는〉 것이다. 자금의 여유가 생기면 더 많은 재고를 투입할 수 있고, 결과적으로 자금 회전율을 높일 수 있게 된다.

예전에는 수입이 들어와도 인테리어 비용에 쓰거나 나머지로 생산하면 사실 잔고가 그렇게 많지는 않았다.

은행 거래처도 정리하고 자금력이 있는 은행과 거래하면서 자금을 투자하니, 회사는 영업력이 더 활활 타올랐다. 이미 기존에 구축했던 회사의 프로세스는 너무 좋으니 속도만 높이면 되는 거였다. 속도가 높아지니 회사의 골격은 그대로 유지하면서 이익과 이익률도 좋아지고, 생산을 많이 하니 원가는 떨어지면서 선순환이 되는 구조였다.

더캐리의 대부분의 상품들은 현지 직생산을 통해 만들어지고 있다. 7~8년 전에 함께 시작했던 중국의 입가공 제작 업체와 현재까지 함께하고 있다. 지금의 공장 대표님은 처음 만날 당시 작은 회사에서 영업을 하던 친구였다. 어느 공장의 근로자였는데 우리 회사의 생산팀이 그 공장과 거래하기 위해 갔을 때 자신에게 기회를 달라고, 좋은 공장을 만들어 놓을 테니 오더를 자기에게 달라고 했다. 그 친구의 눈에서 순수한 야망이 보였다. 그래서 더캐리가 사람에게 투자를 해서 지금까지 커 왔듯이 기회를 주기로 했다. 가진 것 없는 친구였지만 선한 눈과 그가 가진 의지를 보고 투자를 결정한 것이다. 그때부터 지금까지 별 탈 없이 거래하고 있다. 그도 우리와 함께 성장하고 있는 것이다. 항상 생산팀만 중국 공장을 방문했고, 나는 갈 일이 잘 없었는데 작년에 실제로 처음 만났다. 그가 내게 〈우리는 가족이다, 정말 고맙다, 너희 덕분에 이 많은 사람들이 이렇게 잘 살고 있고 내가 너희를 만난 건 정말 행운이다〉라고 하는데 감회가 새로웠다. 현지 공장도 처음에는 기계 하나로 시작했는데 지금은 직원이 1백 명 가까이 일하며 해당 지역에서도 손꼽히는 유명한 공장이 됐다. 건물 한 층만 쓰던 공장이 이제는 5층 건물 전체를 쓰고 있었다. 그 친구가 예전에 일하던 공상은 대기업에 가까운 규모였다. 그때는 우리가 여윳돈이 없었는데 그 공장은 제작 원가가 너무 비쌌고 우리의 제작 수량이 너무 작다고 받아 주지도 않았다. 그런데 이 친구는 그 상황을 기회로 보고 어떤 조건이든 흔쾌히 다 수락했다. 작은 수량이든, 디테일이 많든 적든 전부 무조건 가능하다고 했다. 그러니 우리 입장에서도 그는 무척이나 고마운 존재다. 솔이를 아기 띠에 안고 남대문시장에 갔을 때 만났던 양말 공장 사장님, 라벨 업체 사장님도 다 초창기부터 지금까지 우리와 거래하는 고마운 분들이다. 2014년 1월 1일에 법인을 설립했으니, 이제 우리 브랜드의 역사도 10년이 넘었다. 혼자 블로그를 시작한 지는 15년이 됐고, 브랜드로서 자리를 잡은 건 2016년부터다. 매출 100억 원이 넘기 시작한 것도 그 즈음이다. 법인을 시작할 때는 매출이 약 20억 원이었는데, 2년 사이에 매출이 5배 가까이 뛰었다. 100억은 우리에게 여러모로 상징적인 숫자다. 그때부터 더 많이, 크고 넓게 보고 그만큼 책임감도 많아졌다. 여성복도 어려운 매출을 아동복 단일 브랜드로 해내서 더욱 기쁜 결과다. 아이스비스킷을 런칭한 시점이 2016년이니 그 전까지는 순수하게 베베드피노의 매출이다. 온라인 브랜드였다가 오프라인으로 성공적인 진입을 했고, 대내외적으로 인정을 받은 면에서는 우리가 이 분야의 1세대로 리딩을 했다고 제법 당당하게 얘기해도 좋을 것 같다.

## 우리만의 시그니처를 만들기까지

브랜드만의 시그니처 아이템을 만드는 건 항상 쉽지 않은 일이다. 결국은 브랜드를 향한 소비자의 취향과 마음을 읽고 예측하는 게 중요하다. 베베드피노는 자연스럽게 블로그나 카페를 통해서 이미 바이럴이 된 상태여서 오랜 팬덤 고객들이 있었고 늘 블로그와 카페를 통해 소통을 하니까 오히려 고객들이 원하는 바를 파악하기가 어렵지는 않았다. 베베드피노가 더 자리를 잘 잡을 수 있던 건 키즈와 베이비 라인을 분리해서 디자인과 패턴을 완전히 다르게 했기 때문이었다. 단순히 사이즈만 줄이는 게 아니라, 아예 다른 브랜드라고 생각해서 제품 구성도 완전히 다르게 한다. 베베드피노의 베이비와 키즈 매출 비중은 각각 절반 정도를 차지한다. 베이비는 액세서리 위주의 아이템이 잘 판매된다. 특히 모자가 인기 아이템인데, 우리 모자만 수집하는 소비자들이 있을 정도다. 5만 원짜리 모자가 중고 거래 마켓에서 10만 원에 거래된다고 들은 적도 있다. 액세서리는 특성상 할인도 없는데도 판매가 꽤 좋은 편이다. 반면 베이비 라인은 헤비 아우터를 많이 만들지 않고, 경량, 중량의 가벼운 아우터나 재킷 정도까지만 생산하는 게 더 판매도가 높다. 이런 라인업을 우리가 처음부터 의도하고 만들지는 않았다. 고객들의 이야기를 듣고 파악하다 보면 자연스럽게 시그니처 제품이 완성되는 거니까. 우리가 전략을 세운 것도 있지만 전략과 상관없이 우리의 팬들이 바이럴하고 우리만의 시그니처로 만들어 가는 부분도 크다.
베베드피노의 키 포인트는 매 시즌마다 달라지는 시즌 그래픽과 컬러풀한 무드다. 지금은 많아졌지만 베베드피노를 시작할 당시에는 그런 분위기의 옷이 많지 않았다. 프린트 방법도 정말 다양한데 그렇게 자리잡기까지 여러 가지 시도를 많이 해봤다. 티셔츠 위로 올라오는 벨벳 소재로 된 프린트, 일반적으로 프린트하는 방식이 아닌 스며들게 찍는 프린트(착색 발염)도 했고 자체적으로 개발도 많이 해봤다. 프린트나 색감, 그래픽만 보고 브랜드를 알아차리기가 쉽지 않은데, 이제 우리 제품은 드러내지 않아도 알 만한 브랜드만의 색채를 가지게 됐다. 빨간색 마크도 마찬가지다. 처음에는 프린트만 있으면 밋밋하게 느껴지는 옷에 달기 시작했는데, 이제는 우리만의 고유한 상징이 됐다. 처음에는 몇몇 옷에만 달았는데, 아일렛 레이스 원피스에는 프린트하기가 애매해서 마크를 달았더니 이후부터 고객들이 달아 달라는 요청이 있었다. 오히려 내부적으로는 고객들이 그리 좋아하지 않을 거라고 판단했는데, 사실 그렇지 않았던 거다. 초반의 베베드피노가 가성비 좋은 옷을 선보이는 브랜드였다면 지금은 엄마들 사이에서 아이에게 베베드피노 입히는 게 스타일리시하고 힙하다는 느낌을 주는 브랜드가 됐다. 아이들이 일상에서도, 여행지에서도 베베드피노 옷을 입으면 사진이 무척 예쁘게 찍힌다는 후기도 많이 전해 들었다. 무척이나 뿌듯하고 감사한 일이다.

아이스비스킷의 시작이자 킥 아이템은 가방이었다. 브랜드 런칭 전에 초등학교 앞에서 아이들 옷차림을 많이 관찰했는데, 대부분 스포츠 브랜드나 SPA 브랜드였다. 초등학생 이상의 아이들이 입을 옷의 선택지가 참 없다는 생각이 들었다. 책가방도 마찬가지였다. 예쁘면 가격이 비싸고 무겁거나 불편하고, 그도 아니면 너무 뻔한 디자인이었다. 우리 때는 가방 하나 사서 초등학교 내내 다용도로 썼지만, 요즘 애들은 학원 가방도 다 따로 있어서 사용하는 가방이 집에 대여섯 개씩 있게 마련이다. 그래서 무조건 가격이 부담스럽지 않았으면 좋겠다 생각했다. 컬러는 밝고 강렬한 블루를 메인 컬러로 정했다. 여자아이들도 초등학교에 입학하면 핑크색은 이제 유치하다고 생각하니 성별과 관계없이 사용할 수 있는 블루를 선택한 것이다. 늘 엔트리 가격이 중요하다고 생각하는데, 처음 만든 아이스비스킷의 원 포켓

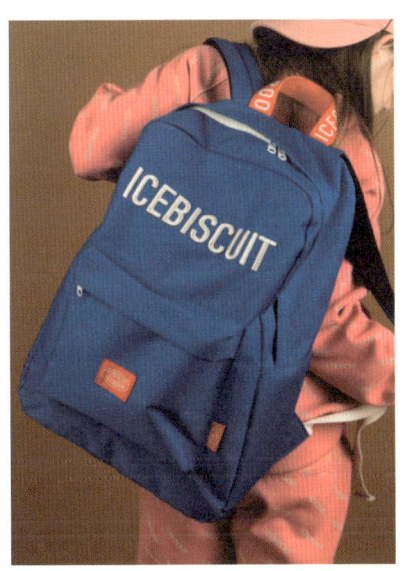

아이스비스킷 시그니처 제품인 백팩.

가방이 6만 9천 원이었다. 최근에는 부자재 값 상승과 디테일 추가로 가방 가격이 다소 오르긴 했지만 결과적으로 반응이 정말 좋았다. 당시의 파란 책가방을 지금도 여전히 찾는 사람들이 있을 정도로 인기가 높았다. 아이스비스킷의 옷에는 심플한 로고 그래픽을 넣으면 좋겠다고 생각했다. 아이들이 어두운 컬러, 특히 블랙을 선호하긴 하지만, 나는 컬러가 주는 힘이 분명히 있다고 생각했다. 아이들이 어릴 때부터 다양한 컬러를 접하고, 일상 속에서 밝고 행복한 컬러의 힘을 느꼈으면 하고 바라는 마음이었다.

캐리마켓의 시그니처이자 성공 전략은 공간을 다양하게 활용해 남녀노소, 여러 세대를 모두 만족시켰다는 데에 있다. 어린이들을 위한 옷과 문화를 선보이는 곳이니 어린이를 비롯한 가족들의 만족도는 말할 것도 없고, 가로수길이 워낙 20~30대 소비자들이 많이 다니는 지역이라 일부러 캐리마켓 1층에 그들이 흥미를 느낄 수 있는 다양한 팝업을 진행했다. 태국 시장에서 제작된 라탄 가방, 러그 등으로 라탄 기획전도 하고, 레트로 스타일의 미국 슈퍼마켓처럼 꾸민

캐리 슈퍼 팝업을 열기도 하고, 시즈널한 브랜드와 팝업을 진행하기도 하기도 했다. 특히 캐리 슈퍼는 장난감 매출로만 몇 억 원을 달성할 만큼 성과가 어마어마했다. 고객들의 반응이 좋으니 새로운 팝업을 기획하는 일도 너무 재미있었다. 그때를 생각하면 정말 하고 싶은 거 다 했다는 기억뿐이다. 크리스마스 기획전, 입점한 브랜드의 브랜드 데이도 우리가 인테리어 비용을 부담하고 진행도 했으니 협업하는 브랜드 입장에서도 좋아할 수밖에 없었다. 여러 팝업 이후에 캐리마켓에 입점하고 싶다는 브랜드가 더 많아졌다. 당시에도, 지금도 캐리마켓이 내세울 키워드는 딱 두 가지다.

첫째, 아이들이 캐리마켓에 와서 그들의 꿈을 펼칠 수 있게 해주는 것. 그래서 아이들이 낙서하거나 물감을 흘려도 전혀 터치하지 않았다. 아이들이라면 누구나 동등한 대우를 받고, 울거나 소리 질러도 주변의 눈치를 보지 않게 했다. 아이들이 정원에서 한 바퀴 뛰어놀거나 비눗방울 놀이를 즐겁게 하고 갈 수 있는 장소가 되고 싶었다.

가로수길 캐리마켓에서 진행된 팝업, 캐리네 슈퍼.

둘째, 어떤 구성원의 가족들이 와도 편안하고 만족스러운 공간이 되는 것. 엄마, 아빠, 이모, 삼촌, 할머니, 할아버지 등 다양한 구성원의 가족들이 캐리마켓에서 여유로운 시간을 보냈으면 했다. 반드시 쇼핑을 하지 않더라도 커피 한 잔 마시고 가도 좋고, 즐거워하는 아이들을 보면서 여유로운 한때를 보낼 수 있는 공간이 모두에게 필요한데 그런 곳이 흔치 않다고 생각했다. 결국 우리가 중점적으로 생각했던 건 사람이었다. 고객을 생각하고, 거래처의 입장에서 되돌아보고, 이곳을 드나드는 아이들의 편안함을 추구했던 것. 그 모든 것이 사람을 중심으로 바라봤기 때문에 가능한 일이었다.

그리고 현재의 더캐리에서 빼놓을 수 없는 또 다른 브랜드가 있다. 바로 푸마PUMA. 십여 년이 넘도록 패션 회사를 운영해 오며 우리는 단 하나의 브랜드가 아닌, 우리만의 색을 지닌 브랜드들을 만들어 냈다. 그렇게 탄생한 베베드피노와 아이스비스킷은 우리가 직접 이름을 짓고 방향을 잡고 지금과 같이 성장시킨,

누가 봐도 더캐리만의 아이덴티티가 담겨 있는 자식 같은 브랜드들이다. 하지만 〈우리만의 브랜드를 만들어 가는 일〉과 달리 〈누군가의 오래된 브랜드로부터 선택받는 일〉은 우리에게는 또 다른 차원의 도전이었다. 푸마는 100년에 가까운 역사와 헤리티지를 가진 글로벌 스포츠 브랜드다. 푸마의 키즈 라인을 전 세계 최초로 더캐리가 단독 라이선스를 받아 전개하게 된 것은 패션 업계에서도 꽤 큰 화제였다. 처음에는 부담감이 무척 컸다. 우리가 지금까지 해온 방식과는 다른 결의 영역이었고, 글로벌 브랜드의 기준과 기대는 생각보다 훨씬 까다로웠다. 하지만 그 과정 속에서 우리는 그동안 쌓아온 것들이 결코 작지 않다는 걸 깨닫게 됐다. 수개월 간의 기획안 작성과 피드백, 수십 번의 회의와 미팅 끝에 최종 계약서에 사인을 한 순간이, 더캐리는 단지 브랜드를 만들 줄 아는 회사가 아니라 글로벌 브랜드와도 어깨를 나란히 할 수 있는 신뢰와 실력을 갖춘 회사라는 증거처럼 느껴졌다.

2025년 3월, 나는 독일 뉘른베르크에 위치한 푸마 본사를 찾았다. 전 세계 파트너들이 초청된 자리였고, 그중 우리나라를 대표해 더캐리가 참여했다는 사실만으로도 마음이 벅찼다. 짧은 일정 동안, 더캐리가 푸마 키즈와 함께 만들어 온 수년의 성과를 단 하나도 빠짐없이 보여 줘야 했기 때문에 부담도 컸다. 하지만 막상 현장에 서 보니, 그 공간은 긴장감보다도 뿌듯함과 자부심이 더 크게 밀려오는 자리였다. 그날, 나는 잊을 수 없는 장면을 마주했다. 푸마 글로벌 회장이 직접 우리를 위한 프레젠테이션을 준비한 것. 푸마의 탄생부터 지금까지의 히스토리, 앞으로 브랜드가 나아갈 마케팅 방향과 글로벌 브랜딩 전략까지, 이 모든 내용이 오직 한국 시장, 그리고 더캐리를 위해 맞춰진 구성이었다. 수십 년 역사를 품은 브랜드의 회장이 직접 마주 앉아 우리에게 브랜드의 미래를 설명해 주는 그 순간, 나는 이 자리가 단순한 비즈니스가 아닌, 더캐리가 하나의 브랜드로서 진심으로 존중받는 자리라는 걸 느꼈다. 그 마음은 세세하게 설명하지 않아도 마음 깊이 전해졌다. 나는 그

감동을 오래도록, 아니 평생 기억하게 될 것 같다. 다짐했다. 이제부터 푸마 키즈는 단순한 라이선스 브랜드가 아니라 더캐리가 진심을 다해 함께 키워 갈 책임 있는 파트너십의 이름이 될 거라고. 우리는 그들이 걸어온 유산을 존중하며 더캐리만의 감각과 전략을 더해 푸마 키즈가 한국에서, 그리고 아시아에서 더 많은 아이들의 일상 속으로 스며들 수 있도록 노력할 것이다. 그것이 바로 〈더캐리가 만들어 갈 다음 페이지의 시작〉이다.

캐리마켓 신사에서 진행된 푸마 키즈 팝업.

# 내가 사랑한
# 더캐리의 제품들

생각해 보면 15년 동안 정말 많은 옷과 제품 들을
만들었다. 매시즌, 새로운 디자인을 위해 수십
가지 스케치를 그리고, 수백 장의 원단 스와치를
뒤적이며 가장 어울리는 질감과 색을 찾았다.
원단의 질감과 무게를 손끝으로 확인하고, 실의
굵기와 짜임을 맞추고, 단추와 지퍼 같은 작은
부자재 하나까지 전부 직접 골랐다. 때로는
원단을 새로 개발하기 위해 공장을 찾아가
샘플을 만들고, 원하는 색이 나올 때까지
염색하기를 반복했다. 그렇게 탄생한 수많은
아이템이 내 손을 거쳐 세상으로 나아가
아이들의 옷장 속 한자리를 차지했다.

그중에서도 유난히 애정을 쏟고 손이 더 많이 가서 내 기억 속에 더욱 특별하게 남아 있는 몇 가지가 있다. 그중 첫 번째로 떠오르는 건 앞서 언급했던 2013년에 제작한 「애쉴리 시리즈」다. 구름과 번개 프린트를 입힌 스트라이프 티셔츠, 블루머 팬츠, 스웨터 칼라, 그래픽 양말까지 이 시즌에 처음 선보인 아이템들은 단숨에 베베드피노의 시그니처가 되었고 이후에 「뉴 애쉴리」 라인으로 이어질 만큼 고객들의 큰 사랑을 받았다. 지금도 초창기의 베베드피노를 아껴 주신 고객들은 이 시리즈에 대한 추억과 애정을 한번씩 나눠 주곤 한다. 그 마음이 너무 고맙고 소중해 베베드피노 15주년이 될 2026년에 한층 업그레이드된 「애쉴리」 라인을 다시 신보일 준비를 하고 있다.

베베드피노의 F/W 시즌의 상징과도 같은 경량 재킷과 퀼팅 재킷도 빼놓을 수 없다. 매시즌마다 이 아이템들은 반드시 만들었고, 나의 두 아이들도 이 재킷을 입으면서 성장했다. 클래식하면서도 어떤 상황과 장소에도 다 잘 어울리는 스타일이라 매년 색과 디테일을 조금씩

애쉴리 시리즈와 솔이.

바꾸면서 완성도를 높였다. 언제나 무난하게
입히기 편하고, 세탁 후에도 변형이 없어 엄마
아빠들에게도 큰 사랑을 받았고, 내 마음속에도
오랫동안 남아 있는 아이템이다.

또 다른 겨울의 주인공은 스키 슈트다. 화려한
색감과 전면 그래픽 덕분에 베베드피노의 스키
슈트는 스키장 어디서든 단연 돋보였고,
아이들이 입기만 하면 마치 설원 위의 작은
주인공이 되는 듯했다. 겨울마다 스키 슈트
대란이라는 말이 나올 정도로 몇 년 동안
폭발적인 인기를 끌었고, SNS와 마켓에서 금세
품절되곤 했다. 그 시절의 겨울 사진을 다시 들춰
보면 눈 속에서 씩씩하게 뛰어다니는 아이들과
형형색색의 스키 슈트에 나도 모르게 미소가
번진다.

아이스비스킷 시절로 넘어 가면 가장 애정하는
건 단연 첫 시즌의 블루 백팩이다. 솔이가 직접
고른 새파란 블루 컬러가 멀리서도 눈에 띄었고,
아이스비스킷 특유의 화이트 자수 로고가
포인트였다. 그 가방은 브랜드의 얼굴이자
현재의 아이스비스킷을 있게 한 베스트셀러였다.

매년 인기를 끄는 베베드피노 스키 슈트.

화려한 색감과 전면 그래픽 덕분에 눈 위에서 빛을 발한다.

지금은 좀 더 발전된 디자인으로 시즌에 상관없이 구입할 수 있는데 여전히 고객들의 많은 사랑을 받고 있다. 그리고 절대 잊을 수 없는 아이템 하나가 있다. 바로 솔이의 초등학교 입학식 날에 입히기 위해 만든 트렌치코트. 야심 차게 수입 원단을 써서 만든 고급스럽고 단정한 그 코트는 솔이, 결이, 그리고 조카들까지 차례로 물려주며 입혔다. 사실 다시 만들기 어려울 정도로 원가가 너무 비싼 제품이었는데, 그때 소장하신 고객들도 나처럼 〈줄줄이 물려주면서 입혔다〉는 이야기를 전해 들었을 때는 역시 만든 보람이 있다는 생각을 했다. 고객들의 그런 말을 들을 때마다 그 트렌치코트가 여러 아이들의 성장기 속 중요한 장면마다 함께했을 거라는 생각에 마음이 뭉클해진다.

이 밖에도 하나하나 애정을 쏟아 만든 아이템은 셀 수도 없이 많다. 어쩌면 모든 제품이 내게는 전부 자식 같아서 어느 것 하나 마음이 가지 않는 건 없다. 다만 어떤 옷은 유난히 오래 내 기억에 남고, 그 옷을 입은 아이들이 더 많이 떠오르는 것뿐. 나의 이 마음이 고객들에게도 그대로

아이스비스킷 첫 백팩이자 스테디셀러인 백팩.

처음으로 야심차게 만든 트렌치코트.

성인 브랜드에서 사용하는 고급 소재로 제작한 아이스비스킷 카멜 코트.

(상) 베베드피노 퍼 재킷. (하) 아이스비스킷 첫 시즌의 퍼 재킷.

전해져서 우리의 옷 한 벌이 단순히 패션이 아닌 한 시절의 추억으로 남았기를 바란다. 옷은 결국 작고 낡아 아이들의 몸을 떠나지만 그 옷과 함께한 시간, 웃음, 그리고 추억은 평생 마음속에 남는다. 내가 만든 옷이 누군가의 성장기 속 한 장면이자 사랑받았던 계절의 기억으로 오래오래 남아 있다면 좋겠다.

## 뭔가 특별한
## 더캐리의 직원들

더캐리 초창기에는 별도의 인사팀이 없었다.
모든 직원을 남편과 함께 면접을 보고 뽑았고
인턴부터 그들과 함께 우리도 성장한다고
생각했다. 모집 공고만으로는 유능한 신입
직원들을 찾기가 어려워서 친분이 있는
교수님들께 졸업생 추천을 받는 방법으로 좋은
직원들을 만나기도 했다. 그들도 더캐리가 첫
직장이어서 남편이 일러스트를 포함한
프로그램을 하나씩 가르쳐 주면서 도식화하는
방법을 가르쳤다. 아마 우리 디자이너들은 국내
어느 회사와 비교해도 도식화를 비롯한 디자인
능력은 최고 수준일 거라고 자부한다. 그만큼 한

명씩 성심껏 가르쳤고 지금도 체계적으로 배우도록 하고 있다. 초창기에도, 지금도 가장 중요하게 생각하는 건 그 사람만의 매력이다. 예쁘고 잘생긴 게 아니라 밝은 에너지와 성격, 분위기를 말하는 것이다. 타고난 분위기와 에너지는 쉽게 바뀌지 않는다. 실력은 가장 기본적으로 갖춰야 하는 것이고, 추가적으로 면접 시에 대표들을 끌어당길 만한 매력을 갖고 있는 사람이라면 동료들도 역시 끌어당기게 된다. 다양한 직원들을 겪다 보니 밝고 성실하며 매사에 열심인 친구들은 불변의 진리처럼 시작과 끝이 모두 좋았다. 다양한 배경을 가진 친구들이 모여 있어야 조직에 활력이 생기는 법이다. 헝그리 정신과 강한 생활력을 가진 사람들, 조금은 여유롭고 밝은 분위기를 소유한 사람들이 모두 적절하게 어울리고 잘 융화되는 게 좋은 것 같다. 기존 직원들과도 잘 어울려야 하기 때문에 더캐리와 결이 맞는 사람인지도 정말 중요하다. 리더 이상의 직급은 여전히 나와 남편이 최종 결정을 한다. 임원급은 말할 것도 없다. 나는 의심이 별로 없고 사람을 대체로 잘 믿는 편이라 직원들의 장점을 더 보고 이해하려고 노력하려고 한다. 모든 사람과 완벽하게 맞을 수는 없으니 마음에 들지 않고 아쉬운 부분이 있거나 이해되지 않는 행동을 해도 그럴 만한 이유가 있을 거라고 생각하는 편이다. 요즘은 인사 매뉴얼이 있으니 그에 맞출 때가 더 많다. 업무 영역도 선택할 수 있는 기회를 주는 편이다. 영업 MD로 입사를 했지만 바잉이 하고 싶다면 회사가 가능한 선에서 기회를 주려고 한다. 전혀 다른 분야이긴 하지만 배우고자 하는 직원의 열정을 높게 사는 것이다. 그렇게 업무 방향을 바꾸고 잘 적응해서 지금까지 그 부서에서 계속 일하고 있는 직원도 있다. 직원들의 역량을 잘 발휘할 수 있는 포지션에 대한 고민을 많이 하는 편이다. 새로운 부서를 만들어 주기도 하고 함께 고민하기도 하는 게 다른 회사와의 차별점이라고 생각한다. 단순히 직원들이 내는 성과나 매출로 얘기하기보다는 개인의 성향과 업무 스타일을 보려고 한다. 신입 사원들은 3개월의 수습 기간이 끝나면 정식으로 인사하는 자리를 만든다. 그러면 나는 항상〈아무리 일 잘하고 일머리가 좋고 일하는 속도가 빨라도 사람에 대한 존중과 배려가 없다면 같이 일하지 못한다〉고 얘기한다. 우리와 결이 맞지 않으면 함께하긴 힘들다, 우리 회사에 단순히 경력만 쌓으려고 온 거라면 지금이라도 빠르게 정리하시는 게 맞다고 솔직하게 말하기도 한다. 매 순간 정말 치열하게 일하는 직원들이 많기 때문에 서로에게 자극이 되고 작은 성취감을 느껴야 다함께 더 좋은 회사를 만들어갈 수 있다고 생각한다.

더캐리의 초창기에는 회사가 일산이라 집이 일산과 가까운 직원들이 많이 지원했다. 그때의 직원들을 생각하면 회사와 브랜드에 대한 애정이 정말 컸다. 한남동으로 이사 오기 전까지 8년간 쭉 근속한 직원들도 많았다. 아직까지 근무하고 있는 직원들도 있고 퇴사한 직원들도 있지만, 한 명씩 트레이닝을 하면서 나 역시 대표부터 신입 사원까지 여러 직급이 수행할 만한 업무를 했다. 나도 CS나 물류 업무를 할 때도 있고 매장 오픈을 하기도 하고 현장 판매도 해야 했다. 그래서 당시에는 새로 입사하는 직원들도 여러 업무를 멀티로 할 수 있는 자세와 태도를 봤다. MD로 입사했다고 해서 매일 우아하게 사무실에서 컴퓨터 속 숫자만 보고 있을 수가 없었다. 매장, 현장에도 가야 하고 물류가 급하면 반품 작업도 직접 해야 했다. 초창기 때는 모든 직원들이 그렇게 일했다. 당시의 직원들에게 그 부분이 정말 고맙고 부득이하게 퇴사한 직원들에게도 역시 고마운 마음을 늘 갖고 있다. 나도, 직원들도 매일 함께 성장하는 느낌이 들어서 개인적으로도 그때가 정말 재미있게 일했던 시기 같다. 사무실에서 오후 6시까지 일하고 물류 창고로 이동해서 다시 8~9시까지 패킹 작업을 하고 창고 앞에 있는 연탄 불고기 집에서 함께 저녁을 먹는데, 그렇게 맛있을 수가 없었다. 1인분에 7천 원짜리 연탄 불고기를 먹으려고 아침 9시부터 저녁 9시까지 쉼 없이 나 같이 일했고 그게 삶의 낙이었다. 초창기에는 풍동에서 시작해서 토당동, 장항동까지 몇 번의 이사를 했는데 토당동까지는 학원 상가 건물을 층층이 나눠 쓰는 구조여서 직원들과 꼭 붙어 일하며 삼시 세끼를 함께 먹곤 했다. 근처 식당에서 식권을 발급해서 점심, 저녁을 다같이 먹으면서 집에 숟가락이 몇 개인지, 동생이 어디 취직했는지 같은 집안의 소소한 가정사까지 다 알았으니 서로가 정말 가족처럼 끈끈했다.
대표가 주말에도 나와서 일하자고 하면 조금 내키지 않을 수도 있었을 텐데 고맙게도 회사 전체가 나와서 일했다. 그때는 어떤 전우애 같은 마음이 있었던 것 같다. 아직도 그때가 그리워서 당시 직원들과 회식 때 우스갯소리로 〈한남 사람들은 몰라, 그때의 능곡 시장 바이브를 몰라, 시장 노래 나오고 엿장수 나오고 1만 원짜리 옛날 통닭 뜯어 먹는 맛을 한남 사람들은 모른다〉고 할 때도 있다. 그 옛날 얘기를 나눌 친구들이 이제 점점 줄어드는 게 참 속상하기만 하다.

초창기 물류 사진. 당시 모든 것을 자체적으로 해결했다.

초창기 물류 사진. 자동화 시스템이 없어
수작업으로 물건을 분류하고 배송했다.

자동화 시스템을 갖춘 현재의 파주 물류 센터.

## 누군가를 온전히
## 진심으로 대하려면

인터뷰나 촬영을 자주 하지는 않지만 가끔
기사가 나올 때마다 많은 사람들이 〈멋진 공간을
만들어 줘서 감사하다, 이렇게 큰 회사를
운영하고 있다니 존경스럽다, 일과 육아를
함께하는 게 대단하다〉 등의 응원이 담긴 SNS
DM을 보내 주기도 한다. 나는 여전히 이런
상황들이 굉장히 멋쩍고 당황스럽기도 하다.
얼마 전에는 백화점에 장을 보러 갔는데
지나가는 점장님과 매니저분들이
〈응원합니다!〉라고 얘기하셨다. 내가 무슨
올림픽 금메달 딴 사람도 아닌데. 이번에는
에스컬레이터를 타려고 하는데 누군가 뒤에서 날

붙잡는다. 어느 패션 브랜드 매니저가 오랜 시간 날 지켜보고 있었고 항상 인사를 하고 싶었지만 용기가 안 났는데 오늘은 드디어 인사를 한다면서 〈너무 멋져요〉 하시는 거다. 아이들 가져다 주라고 사은품을 챙겨 주시는 분도 계셨다. 항상 가는 백화점이고, 평소와 다름없는 평범한 하루일 뿐인데 이런 응원의 말들을 들으니 신기하고 감사해서 그날이 무척 특별하게 느껴졌다.

지금까지 살면서 경제적 어려움과 부유함을 모두 겪어 본 것도 지금 생각하니 나름 좋았다. 나도 초창기에 다 해본 일들이기 때문에 직원들이 힘들다고 하는 포인트를 잘 알아차리기도 한다. 8~9년 전, 일산 시절에 있었던 일이다. 재고 조사와 정리를 하는데 물류 직원만으로는 부족해서 본사 직원 모두가 투입됐던 적이 있다. 몇 시간을 정신없이 일하고 나니 너무 힘들었는데 그제야 그곳에 에어컨이 없다는 걸 알게 되었다. 그래서 〈아무리 물류 창고라고 하지만 어떻게 사람이 일하는 곳에 에어컨이 없지?〉라고 하니 원래 물류 창고에는 다

에어컨이 없다는 답이 돌아왔다. 이건 너무 하다 싶어서 그 자리에서 바로 에어컨을 구입했더니 직원들이 너무 좋아하는 거다. 만약 내가 대표라고 가만히 자리에 앉아 서류만 보고 있고 여러 부서의 일들을 경험하지 못한 채 살았다면 현장에서 일하는 직원들의 고충과 생각은 하나도 몰랐을 것이다. 나는 물류, CS까지 전부 경험해서 직원들이 어느 부서에 사람이 필요하다 하면 그 이유와 필요를 다 알 수 있다. 본사에 요청을 할 정도면 정말 직원 충원이 필요한 상황이라는 것을. 물론 직원들의 모든 요구를 다 들어 줄 수는 없지만 되도록 충원 요청은 반영하려는 편이다. 3명을 충원 요청하면 최소 2명까지는 수용한다. 충원이 되었을 때 더 크게 발휘되는 시너지의 효과를 잘 알기 때문이다.

7~8년 전, 회사가 외부 컨설팅을 받은 적이 있는데, 회사 규모 대비 인건비 비중이 높다는 의견을 받았다. 규모에 비해서 고정 지출이 크다는 얘기였다. 코로나 때 오프라인 매장 직원들에 대한 감축은 어쩔 수 없이 했지만, 본사 인원 감축은 지금까지 한번도 해본 적이 없다.

외부 컨설팅 조언이 맞는 얘기일 수도 있겠지만 나와 윤 대표가 기획, 디자인, 생산, 유통까지 다 경험해 봤기 때문에 직원들이 얼마나 고생하는지, 그 상황과 마음을 알고 있으니 인원 감축은 우리에게는 정말 어려운 문제다. 진심으로, 더캐리는 직원들과 함께 만들었고 지금도 함께 만들어 가고 있다고 생각한다. 2024년 캐리마켓 신사점을 오픈할 때 눈물을 흘리면서 소감을 얘기했던 것도 그 순간 우리 직원들과 눈이 마주쳤기 때문이었다. 내가 잘해서 스스로의 자아도취 때문에 운 게 아니라 직원들과 함께 노력해서 캐리마켓 신사가 만들어지고 꿈에 그리던 것들이 마침내 현실이 된 거였다. 내 꿈을 그들과 함께 이룬 날, 그들의 눈을 바라보니 오열할 수밖에 없었다. 나는 결국 사람이 제일 중요하다고 생각한다. 모두 사람이 하는 일이고 사람을 중요하게 생각하지 않으면 함께 일할 수 없다. 예전처럼 직원들과 가족 같은 관계로 지내기는 현실적으로 어려울 수 있고, 이제는 직원들에게 너무 마음을 주면 안 된다는 것도 잘 안다. 퇴사하는 직원이 있으면 또 새로운 좋은 직원이 입사한다는 것도 잘 알고 있다. 예전에는 이전보다 더 좋은 직원이 들어올 수 있을까, 남은 직원들이 힘들진 않을까, 내내 노심초사했는데 그렇지 않다는 것도 수많은 경험으로 알게 됐다. 그래도 다행인 사실은 내가 직원들 생각을 많이 한다는 걸 직원들도 알고 있다는 것이다. 가끔 직원들과 만날 때면〈우리가 고생하는 걸 대표님이 알아 주셔서 힘이 나요. 대표님들도 이렇게 여전히 열심히 일하시는데 저희도 당연히 해야죠〉라고 한다. 서로 좋은 시너지를 내고 있는 거다. 일전에 출장 가기 전, 밤 10시쯤 사무실에 들렀는데, 꽤 많은 직원들이 야근을 하고 있는 걸 보니 너무나 미안했다. 내 회사라는 마인드를 가지고 일하는 직원들이 많은 거다. 우리 입장에서는 직원들에게 그런 마인드를 갖게끔 강요할 수는 없는 건데, 선뜻 직원들이 그렇게 생각해 주니 너무 고마웠다. 친구들은 희한하게 날 만나면 고해 성사와 같은 이야기를 털어 놓거나 인생 상담을 한다. 깊은 속 얘기도 많이 하고 종종 울기도 한다. 최근에 만난 그 친구도 만나자마자 자신의 인생 고민을

얘기했다. 나는 천천히 다 들어 주고 조용히
응원을 해주었다. 〈너는 지금 진짜 잘하고 있고
나였으면 너만큼 못했을 거야. 너는 진짜
대단해〉라고. 대화를 마친 후 헤어졌는데 그
친구에게 장문의 문자가 왔다. 내 위로가
진심으로 느껴졌고, 많은 도움과 위로가
되었다고. 생각해 보면 나는 사람을 정말
진심으로 대하려고 한다. 자주 만나진
못하더라도 만나게 되면 최대한 눈을 바라보면서
솔직하게 얘기를 나눈다. 머리가 아니라
마음에서 나오는 진심 어린 얘기를 하려고 하고,
상대방의 이야기도 잘 듣는 편이다. 나와 친밀한
관계로 지내고 있는 유명인들도 마찬가지다.
처음에는 조금 어색해도 다른 사람들과 다르지
않게 편히 스스럼없이 대하면 그들도 자연스레
마음을 열게 된다. 유명인들도 결국 다 같은
사람이니까 나는 똑같이 진심으로 대하는 거다.
사람들은 내 인맥이 굉장히 좋은 것 같다며,
어떻게 그렇게 다양한 분야의 사람들을 많이
아는지 궁금해한다. 그런데 내가 아는
연예인이나 셀럽들은 대부분 우리 브랜드의

고객이었거나 친구, 동생, 지인의 소개로 만나서 자연스럽게 알게 된 사람들이다. 어릴 때부터 사람에 대한 관찰력과 기억력이 좋은 편이어서 그런지 주변에 좋은 친구들도 항상 많았다. 그들의 마음을 상대방의 입장에서 내가 이해하고 알아 주기 때문이었다. 모두에게 친절할 수는 없고 모두에게 좋은 기억으로 남을 수도 없는 게 세상의 이치지만 상대방이 내게 진심으로 다가온다면 나 역시 진심으로 마음을 확 열게 된다. 어쩌면 그게 내가 가진 최고의 장점인지도 모르겠다.

# 서울 토박이, 대구로 전학가다

이즈음에서 나의 개인적인 이야기를 조심스럽게 꺼내 보려고 한다. 지금의 내가 있기까지는 어렸을 때부터 겪었던 많은 일들과 함께해 준 고마운 사람들이 있었기에 가능한 일이기 때문이다. 나는 서울의 비교적 평범한 가정에서 태어났다. 부모님은 오랫동안 패션 노매업을 하셨다. 두 분 모두 우아하고 세련된 스타일을 좋아하셨고 패션에도 관심이 많아서 자연스럽게 패션 사업을 하시게 된 것이다. 별 탈 없이 순조로운 날들이었다. 갑작스럽게 다른 도시로 전학을 가게 되기 전까지는.

초등학교 4학년 때 우리는 대구로 이사를 가게

됐다. 아버지의 사업이 부도가 났고 외갓집이 하고 있던 양계장 사업에 우리 가족이 합류하게 되어서 갑자기 대구로 가게 된 것이다. 외갓집은 당시에 지금도 이름만 들어도 알 만한 유명한 치킨 브랜드에 닭을 납품하고 계셨고 유통과 양계 사업을 겸하고 계셨는데, 그중 일부를 아버지가 맡기로 한 것이다. 11살의 아직 어린 나이였던 내게 다른 도시로의 전학은 인생의 매우 큰 사건이었다. 서울 친구들은 대구가 아주 먼 곳에 있는 도시이고 이제 다시는 나를 못 본다고 생각했는지 다들 대성통곡을 하며 슬퍼했다. 덩달아 나도 슬펐지만 애써 태연한 척했다. 전학 간 학교는 대구의 도심에 위치한 초등학교였는데, 서울과는 여러 면에서 환경이 달랐다. 게다가 이전에는 사투리를 접할 기회가 전혀 없었으니 대구 친구들의 억양과 말투가 어색하기만 했다. 내가 전학 간 날에는 다른 반 친구들이 나를 구경하러 오기도 했다. 그 친구들에게도 〈서울에서 온 전학생〉은 매우 큰 뉴스였나 보다. 하루 아침에 모든 환경이 바뀐 나는 무척 예민해져서 친구들의 적극적인 관심과 주목이 부담스러웠다. 지금 생각하면 전학 자체에 대해 슬픔과 두려움을 갖고 있었고 내 의지로 간 것도 아니니 자연스레 방어적인 태도와 감정을 갖게 된 것 같다. 그때 내 태도 때문에 대구 친구들은 처음에는 나를 별로 좋아하지 않았다. 게다가 서울말을 한다는 이유로 선생님이 방송반에 나를 들어가게 하셔서 상황은 더욱 나빠졌다. 방송반에 뽑히기 위해서는 굉장히 치열한 경쟁을 거쳐야 한다는 사실을 그때는 전혀 몰랐다. 여러모로 아이들과 서로 오해만 쌓여 갔다. 하지만 시간이 점점 흐르자 다행히 낯선 도시에서의 생활은 생각보다 빠르게 익숙해졌다. 여전히 방어적이었던 내 태도와는 다르게 대구 친구들은 먼저 다가오고, 말을 걸어 주고, 하굣길에 손을 흔들고 인사하며 따뜻하게 대해 주었다. 아이들의 노력 덕분에 내 마음도 차츰 그들을 향해 열리기 시작했다. 조금씩 서로의 집을 오가며 놀고 웃고 비밀을 나누다 보니 아이들은 물론 동네 거리와 가게들, 학교와 하굣길, 대구 특유의 정취까지 하나씩 익숙해지고 좋아졌다. 그중 진영이라는 이름의

친구는 공부도 잘하고, 성격도 야무지고
친구들에게 인기도 많았던 아이였다. 선생님과
친구들의 신뢰와 지지가 두터워서 늘 반장을
도맡던 그 친구를 나는 여러모로 부러워하며
바라봤다. 그 시절에는 미제와 일제 필기구나
귀여운 소품들이 아이들 사이에서 인기를
끌었는데 진영이는 늘 신상 아이템을 먼저 갖고
있었다(아마도 부모님께서 무역업을 하셨던
것으로 기억한다). 하지만 진영이는 그 물건들을
혼자 갖지 않고 예쁜 연필이나 귀여운 스티커를
하나씩 내 책상 위에 올려 두곤 하면서 늘 나를
챙겨 주었다. 진영이 같은 따뜻한 친구들이
있어서 낯선 도시에서의 학창 시절은 내가
걱정했던 것만큼 외롭지 않았다. 초등학교
친구들과 함께했던 어릴 적 기억들은 시간이
흘러도 여전히 내 마음 깊은 곳에 따뜻하게 자리
잡고 있다.

## 늘 사람들에게 베풀라는 한마디

대구에서의 시간이 오래 지난 후에 아버지는 새로운 치킨 브랜드를 만드셨는데, 생각보다 운영이 수월하지는 않았다. 광고까지 다 촬영했는데 돌연 취소가 된 적도 있었다. 결국 다른 사업을 하기 위해 아버지는 다시 서울로 가시게 됐다. 사정상 우리는 대구에 남아야 했고, 그때부터 주말 가족으로 지냈다. 그 즈음부터 엄마는 일을 시작하셨다. 책 전집을 방문 판매하는 일이었다. 우리 자매에게 좋은 책을 사주고 싶은데 너무 비싸서 전집 판매 일을 하면 아이들에게 책도 사주고 수입도 생기겠다 싶어서 시작하신 거다. 그런데 시작한 지 얼마되지 않았는데도 엄마는 빠르게 매출 1등을 기록했다. 엄마는 출판사에서 2~3년을 더 근무하신 후 화장품 방문 판매를 시작하셨다. 여러 브랜드를 옮겨 다니며 일을 하시다가 대구 판매왕도 되고 지부장까지 하셨다. 지금 생각해도 엄마는 참 대단하시다. 우리 엄마는 굉장히 미인이셨고 사업자로서의 기질과 능력도 출중하셨다. 아버지도 학창 시절부터 공부도 잘하고, 밴드도 할 만큼 여러 재능이 뛰어나셨다. 그래서 항상 부모님 주변에는 사람들이 모여들었다. 부모님이 주말마다 친구와 지인들을 집으로 초대하셔서 우리집은 늘 사람들로 북적댔다. 엄마는 음식 솜씨가 좋은 사람이었다. 손도 크고 요리도 빠르게 해서 10~20명 분의 대용량 요리를 금세 뚝딱 해내곤 했다. 나는 배달 음식을 차린다 해도 불가능한 여러 인원의 손님 접대를, 엄마는 늘 손쉽게 해내셨다. 엄마는 지금 말로 멀티플레이가 가능한 사람이었다. 나는 그런 엄마를 보면서 나중에 어른이 되면 나도 저렇게 될 수 있을까 생각했다. 엄마는 늘 나에게 말씀하셨다. 「은정아, 나중에 네가 무슨 일을 하게 될지 모르지만, 네 주변 사람들에게 늘 베풀어야 한다. 그리고 집에 오는 손님들은 절대 빈손으로 보내지 마라.」 엄마의 말들은 지금까지 여전히 내 마음 속에 남아서 종종 생각이 나곤 한다. 특히 주변 사람들에게 베풀며 살라는 말은 앞으로도 내 인생을 관통하는 중요한 문장이 될 것 같다.

엄마는 내게 항상 〈너의 가장 큰 장점은 영혼이 맑은 아이라는 것〉이라는 말도 자주 하셨다. 어릴 적에는 그 말의 의미를 잘 몰랐는데, 이제는 좀 알 것 같다. 나는 공부를 뛰어나게 잘하지도 않았고, 스스로 항상 특별히 잘하는 게 없다고 생각해서 엄마에게 〈나는 왜 이렇게 뭐 하나 잘하는 게 없을까〉라는 얘기를 많이 했다. 미술도 적당히 장려상 받고, 과학이나 수학 경시대회를 나가도 입상 정도 할까, 그 이상의 높은 상이나 칭찬은 받아 본 적이 없다. 엄마가 교육에 관심이 많으셔서 과외도 하고 경시대회나 웅변대회도 나갔지만 기대한 만큼의 성과를 내지는 못했다. 나는 그 사실이 엄마에게 항상 미안했다. 잔뜩 주눅이 든 내게 엄마는 〈너는 영혼이 맑고 깨끗한 아이여서 사람을 끄는 매력이 있고 그게 너의 큰 장점〉이라면서 〈엄마는 항상 널 믿고 네가 나쁜 길로 가지 않을 거라는 확신이 있어. 네가 적어도 네 분야에서는 열심히, 성실하게 할 수 있는 사람이라는 믿음이 있거든. 엄마는 네가 최고가 되지 않아도 최선을 다하는 사람이라면 그걸로 충분해〉라고 말씀하셨다. 그 얘기를 들으면서 과연 나는 엄마가 말하는 최선을 다하는 사람인지에 대한 고민을 했다. 엄마와는 그렇게 속 깊은 얘기를 자주 나누는 사이였다.

엄마는 늘 일 때문에 바빠서 우리 자매와 함께할 시간이 거의 없었다. 아버지도 사업 때문에 서울에 계셨으니 동생과 둘이 보내는 시간이 훨씬 많았고 엄마가 촘촘하게 짜 놓은 동선 안에서 하루를 보냈다. 다행히 주변에 이모들이 살아서 늘 우리를 돌봐 주셨다. 큰이모와 둘째이모가 번갈아 집에 오셔서 엄마 역할의 빈자리를 느끼지는 않았지만 그래도 나는 엄마가 집에 있는 친구들이 늘 부러웠다. 목욕탕에 엄마와 같이 가는 것도, 비 오는 날 엄마들이 학교 앞에 우산을 들고 서 있는 것도 내심 바랐다. 그래서 나는 나중에 꼭 우리 아이들에게 그런 엄마가 됐으면 좋겠다고 생각했다. 하지만 지금의 나도 그때의 우리 엄마와 크게 다르지 않다. 나도 일 때문에 아이들을 데리러 가지 못할 때가 훨씬 많은 엄마가 됐다. 지금 생각하면 엄마는 지금의 나보다 훨씬 많은 일들을 했다. 매일 새벽에 일어나서 도시락을 나와 동생 몫으로 각각 2개씩, 총 4개를 쌌다. 엄마는 우리가 밖에서 음식을 사먹는 걸 좋아하지 않으셨다. 나와 동생, 아버지까지 모두 입맛이 달랐는데 그걸 다 맞춰서 음식을 해주셨다. 지금도 남편에게 〈나는 우리 엄마처럼 못 산다. 최선을 다하긴 하지만, 나에게 더 이상 바라면 안 된다〉고 말한다. 그러면 남편은 〈장모님에 대한 기억이 짧지만 나도 장모님께 매일 한상 대접받고 우리에게 많은 걸 베풀어 주셨으니 정말 대단하신 분이다〉라고 얘기한다. 지금도 엄마가 해주신 많은 말들, 그리고 정성스러운 음식들은 내게 삶의 큰 힘이 되어 준다. 살다 보면 때마다 어떤 유혹이 있게 마련인데, 엄마의 많은 말들은 나를 그 어떤 것에도 흔들리지 않게

사랑하는 우리 엄마.

우리 가족.

했다. 그런 엄마가 지금 내 옆에 없어서 너무 아쉽다. 내가 아이들을 잘 키우고 있는 건지, 내 일을 잘하고 있는 건지 엄마와 의논하고 싶은데. 항상 힘들 때마다 여전히 나는 너무 부족한 것 같고, 엄마라면 어떻게 했을지가 궁금하고 묻고 싶은데. 세상의 모든 딸은 다 그렇겠지만 우리 엄마는 나에게 너무나 큰 존재였다.

## 청춘과 방황의
## 날들

중학생이 된 나는 패션 잡지에 눈을 떴다. 용돈을 받으면 늘 잡지부터 사서 동네 서점 사장님과 친하게 지낼 정도였다. 잡지 부록도 다 수집할 정도로 다양한 잡지를 열심히 정독하며 잡지 에디터가 되겠다는 꿈을 키웠다. 당시에는 교복을 입지 않던 시절이었는데 부모님께서 마리떼 프랑소와 저버Marithé François Girbaud, 써지오 바렌테Sergio Valente, 게스Guess 같은 브랜드에서 청바지, 청 재킷, 화이트 옥스퍼드 셔츠 같은 옷들을 사주셨다. 잘못 입으면 촌스러울 수 있는 조합을 무척 클래식하고 세련되게 코디해 주신 덕분에 나는 그때부터 친구들 사이에서 옷을 잘 입는 아이로 알려지게 됐다.

고등학교 시절을 떠올리면 자연스레 세 명의 친구들 이름이 생각난다. 옥수, 정수, 현진. 나를 포함한 4명의 친구들은 서로를 〈사총사〉라고 부르며 고등학교 시절의 모든 순간을 함께했다. 공부 때문에 힘들기도 했지만, 가장 웃음이 많았던 시절. 점심시간이면 네 명이 복도로 도시락을 들고나와 큰 양푼에 정성껏 밥을 비벼 먹곤 했다. 각자 집에서 싸온 반찬들은 매번 맛있고 다채로워서 우리는 그 한 끼에 하루의 스트레스를 모두 풀 수 있었다. 야간 자율 학습이 시작되기 전, 우리는 학교 앞 대백프라자를 사랑방처럼 자주 들렀다. 30분도 채 되지 않는 짧은 쉬는 시간 동안 간식 하나라도 꼭 사 먹고 학교로 돌아오는 길은 항상 전력 질주를 했다. 마치 운동회처럼 헉헉거리며 교문을 통과하던 그때가 아직도 눈에 선하다. 어느 날은 동성로의 빈티지 골목을 함께 누비기도 했다. 구제 스타일에 푹 빠져서 서로의 옷을 고르고 코디해 주며 패션 감각을 나누던 시간들이 어쩌면 지금의 나를 있게 했는지도 모른다. 하굣길에는 함께 학원에 가고 독서실 책상에 나란히 앉아 공부와 수다를 하며 짬짬이 웃고 도란도란 마음을 나눴다. 그때의 우리는 모든 걸 함께했고 서로의 꿈과 고민, 심지어 엄마에게 하지 못했던 이야기도 사총사는 공유할 수 있었다. 우리는 친구였고, 자매였고, 때로는 거울 같았다. 그때의 친구들은 지금 각자 다른 공간에서, 각자의 삶을 살아가고 있다. 몇 년 전에는 결혼하고 엄마가 된 우리가 부산에 다시 모여 2박 3일을 함께 보냈다. 그 시절 이야기를 안주 삼아 밤새 수다를 떨고, 맛있는 것도 먹고, 서로를 바라보며 〈다들 그때 그대로야〉라는 말을 수십 번이나 주고받았다. 예전처럼 자주 보진 못해도 우리는 여전히 같은 추억 속에서 함께 머물고 있다. 사총사 중에서도 가장 오래 내 곁을 지켜 준 친구는 현진이었다. 작은 키에 동그란 눈, 엄청 빠른 말투를 가진 현진이는 마치 내 감정의 복사기 같았다. 내가 힘들 때나 기쁠 때나 늘 옆에 머물며 나의 감정들을 공유해 주었고, 기억력도 좋아서 내가 잊어 버린 순간들을 나 대신 전부 기억해 주는 친구였다. 옛 기억이 흐릿해질 때면 나는 자연스럽게 현진이에게 전화를 걸곤 했다. 「현진아, 그때 우리 뭐 먹었었지?」 그러면 현진이는 특유의 빠른 말투로 그날의 장면을 하나하나 생생하게 쏟아 내며 내 기억을 복원시켜 줬다. 그런 현진이는 나의 기억 저장소이자, 마음의 앨범 같은 존재였다. 평소에는 누구보다 노는 걸 좋아하고 에너지 넘치는 베짱이 캐릭터 같았지만 정작 우리 중 가장 먼저 사회생활을 시작했고, 가장 먼저 결혼도 하고, 가장 먼저 엄마가 된 친구다. 누구보다 넓고 단단한 마음을 가진, 언니가 없는 나에게 언니 같은 존재가 되어 준 친구. 그래서였을까. 첫째 솔이를 낳을 때 가장 먼저 떠올랐던 사람도 현진이었다. 먼저 엄마가 된 현진이를 생각하며 출산의 두려움을 견딘 나에게 현진이는 진짜 작은 거인과도 같았다. 언제든 돌아보면 그 자리에 있어 줄 것만 같은 오래된 나무 같은 친구. 현진이, 그리고 사총사가 있어 나의 학창 시절은 행복했다.
그 사이 아버지는 여러 번의 사업을 하셨는데

나중에는 학원 프랜차이즈 사업을 하다가 말 그대로 폭삭 망해서 우리 집은 모든 걸 다 잃게 됐다. 집과 재산은 물론이고 우리가 갖고 있던 전부를. 마침 IMF 때라 평소보다 더 큰 타격을 입었다. 나는 고등학교 3학년이었는데 여러 일로 인해 성적이 많이 떨어져 나도, 부모님도 많이 실망했다. 서울에 있는 대학교에 갈 성적이 못 되어서 고민을 하다가 유학을 보내 달라고 했다. 아버지의 사업이 어려운 건 알았지만 그 정도로 경제적인 상황이 좋지 않다는 사실은 모르고 유학 학원에 등록해 달라고 엄마를 졸랐다. 작은 집으로 이사를 갔는데도 엄마가 용돈도 줄이지 않고 과외를 멈추지도 않아서 그 정도일 줄은 짐작조차 못했다. 지금 생각하니 참 철이 없었다(어쩌면 알고 있었지만 인정하고 싶지 않았을 수도 있다). 한번은 유학을 가고 싶다는 내게 아버지가 같이 미국으로 가자고 하셨다. 당시에 아빠 대학교 친구들이 미국에서 사업을 하고 계셔서 아버지가 미국으로 가서 슈퍼마켓이든, 세탁소든 해보자고 생각하신 거다. 한참 나중에 알게 된 사실인데, 아버지가 대구 세탁소에 취직하셔서 일을 배우신 적도 있었다고 한다. 하지만 결국 이민은 가지 못했다. 당시에 미국 이민을 가려면 통장에 어느 정도의 잔고가 있어야 하는데, 집이 망했으니 돈이 남아 있을 리가 없었다. 결국 미국 이민 계획은 무산됐고 내 자존감은 단숨에 무너졌다. 원하던 대학교에도 가지 못하고 유학도 물거품이 된 그때, 내 인생의 첫 방황이 시작됐다. 처음으로 인생의 쓴맛을 알았고, 내 생각대로 삶이 흘러가지 않을 수 있다는 사실도 알게 됐다. 스스로에게 실망하고 모든 일에 엄청나게 상처를 받았던 시절이었다. 원하지 않았던 대학교에 입학한 후 1년은 그럭저럭 지냈지만, 얼마 지나지 않아 다시 수능 공부를 하고 싶다는 생각이 들었다. 재수 학원에 등록해 보니 그곳은 대학교와는 또 다른 세계였다. 당시 그 학원에는 옷도 잘 입고 얼굴도 예쁘기로 유명한 애들이 많았다. 하필 학원이 대구 시내인 동성로에 있어서 근처에서 밥 먹고 쇼핑도 하고 머리 스타일도 바꾸면서 일탈을 하기 시작했다. 늘 부모님의 보호 아래 있다가 처음으로 성인이 된 후 어른들의 시선을 벗어나 자유로운 시간을 보냈다. 그리고 패션, 특히 고등학교 때부터 좋아했던 빈티지에도 더욱 관심을 갖게 됐다. 옷과 액세서리를 특이하고 개성 있게 매치하며 스트레스를 풀기도 했다. 그런지 룩이나 Y2K 패션에도 푹 빠졌다. 지금 생각하면 다양한 패션에 대해 정말 많이 배웠던 시기였다. 재수를 하면서 패션만 열심히 배우고, 결국 또 이전과 다른 과인 의류 전공으로 원래 다녔던 학교에 다시 입학했다. 하지만 역시나 적응을 잘하진 못했고, 금세 다른 걸 궁리하기 시작했다. 당시 나는 비록 돈은 없었지만 예쁜 옷은 입고 싶은 마음에 필웨이feelway나 이베이eBay 같은 구매 대행 사이트에서 옷을 주문해서 입었다. 내가 입은 옷에 관심을 보이며 구입을 부탁하는 친구들에게 대리 구매를 해주기도 하다가 자연스럽게 구매 대행 사이트까지 열게 됐다. 옥션이나 이베이에서 내 취향에 맞는 옷들을 저렴하게 사서 팔기 시작했는데, 당시에는 구매 대행 사이트가 많지 않아서 꽤 수입이 좋았다. 그때부터 학업보다는 사업에 집중해서 돈을 많이

벌고 싶다는 생각을 했다. 공부보다 사업이
재미있기도 했지만, 당시 내가 우리 집의
실질적인 가장 역할을 했던 것도 이유 중
하나였다. 장사는 제법 잘 됐지만, 어린 나이에
무작정 사업을 시작하다 보니 매입과 매출에
대한 단순한 개념조차 잘 몰랐던 게 문제였다.
사업을 너무 쉽게 생각했고 계획 없이 하다 보니
점점 모든 게 쉽지 않게 흘러갔다. 세상 물정에도
어두웠고, 잘 모르는 사업 파트너의 말만 믿은
나머지 결국에는 빚만 남게 됐다. 제일 친했던
친구가 중국 유학을 함께 준비해 보자고 했지만,
유학 비용을 감당할 자신이 없어서 포기하고
말았다. 친구는 중국 명문대인 칭화대에
합격해서 유학을 떠났다. 그때 내 나이가
25살이었는데 이러다 유학도 못 가고 졸업도
못하겠다 싶어서 절망스러웠다. 서울에 가서
어디든 취직을 해서 취업계를 써볼까 생각하던
차에 윤 대표, 지금의 남편을 다시 만나게 됐다.

## 너만큼 패션을
## 잘 아는 사람은 없어

남편과는 고등학교 축제에서 처음 만났다. 사실
외모는 내 스타일이 아니었는데 (하하)
적극적으로 삐삐 번호를 물어봐서 한 번 같이
밥을 먹었다. 주변 친구들은 남편이 너무 괜찮은
아이 같다면서 우리의 만남을 부추기기도
했다(나중에 알고 보니 윤 대표는 내가
첫사랑이었다고 한다). 나는 당시의 남편이 좀
특이한 친구라고 생각했다. 전에 만났던
친구들과는 다르게 자존감도 매우 높고 자기는
제2의 앙드레 김이 될 거라는 말을 서슴없이 했기
때문이었다. 멋진 패션 디자이너가 될 거라고
하면서 교복도 부츠컷으로 수선해서 입고

다녔는데, 당시 남자아이들 중에 그런 아이는 드물었다. 남편은 지금과는 정반대로 훨씬 말랐고 자기만의 스타일이 강했는데 내 눈에는 그게 좋게 보이지 않았다. 〈지가 무슨 디자이너가 되나, 특이한 아이네〉 하면서 코웃음을 쳤다. 그러다 내가 남편에게 감동받았던 순간이 있었는데, 나를 만났던 날부터 같이 밥 먹은 날, 전시를 보러 간 날 등을 모두 그림일기로 그려서 내게 선물을 한 거다. 정성을 많이 들인 선물 같아서 좀 부담스러웠는데, 친구들은 그림이 너무 멋있다며 다시 한번 생각해 보라고 또 나를 부추겼다. 하지만 사실 나도 내심 그 일이 머릿속에 남아 있었다. 그러다가 서로 학업과 집안일 때문에 못 만나다가 흐지부지 멀어지게 됐다. 하지만 인연이 참 재미있는 게 잊을 만하면 한 번씩 의외의 장소에서 그와 마주쳤다. 서울에 놀러 갔다가 만나기도 하고, 잊고 살다가 〈아, 그 친구가 있었지〉 하며 가끔 생각이 나기도 했다. 그리고 내 인생에서 가장 우울하고 암흑기였던 20대에 나는 원하던 대학교도, 서울도, 중국 유학도 못 갔는데, 갑자기 그 친구는 뭘 하고 있을지 궁금해졌다.

싸이월드가 한창 유행이던 시절이었다. 남편 이름이 흔하지 않아서 찾기가 매우 쉬웠다. 살펴보니 그가 고등학교 때부터 정말 가고 싶어 했던 SADI에 입학을 한 것 같았다. 갑자기 호기심이 발동해서 싸이월드 쪽지로 연락을 했다. 원하던 학교에 입학한 거 축하한다는 단순한 내용이었고 그때는 호기심 이상의 어떤 의도도 없었다. 그런데 바로 답장이 왔다. 나를 오래전부터 찾고 있었다고. 내 이름이 흔해서 찾기가 어려웠던 모양이었다. 주말에 서울에서 만나기로 약속했다. 사실 나도 궁금했다. 그가 얼마나 변했을지. 솔직히 그때의 나는 예전 같지 않았다. 아무것도 이룬 게 없으니 자존감도 많이 떨어진 상태였다. 하지만 그 친구는 자신이 원하던 바를 이뤘으니 그간의 스토리가 너무 궁금했다. 서울에서 재회한 그는 전보다 자신감도 넘치고 세련된 모습이었다. 나를 반갑게 맞이하는 눈빛에서 진짜 나를 보고 싶었던 게 느껴졌다. 그때 〈내가 누군가에게 이렇게 소중한 사람일 수 있구나〉라는 생각을 했던 것 같다. 그는 내 자존감을 높여 주는 말들을 많이 했는데, 그 말을 들으니 참 고마웠다. 자연스럽게 연인 사이로 발전했다. 평소 누군가에게 기대는 편은 아닌데 그때는 기댈 사람이 필요했던 것 같다. 집안도 어려워지고 부모님도 사이가 안 좋아서 나를 이해해 주고 감싸 줄 사람이 있었으면 했는데, 그가 때마침 내게 다가왔고 나의 현실과 미래를 함께 고민해 줬다.

내가 만약 지금의 남편을, 윤중용이라는 사람을 만나지 못했다면 어떻게 살았을지 사실 잘 모르겠다. 그만큼 그는 내게 엄청나게 긍정적인 영향을 준 사람이다. 오랜 시간이 지나 다시 만난 내가 과거에 비해 자신감도 없고 돈도 없고 내세울 거 하나 없는 사람이 됐는데도 나를 굉장히 배려하고 존중해 주는 게 고마워서 자연스럽게 그에게 마음이 열렸다. 불같은 사랑보다는 서서히 이 사람에 대한 깊은 신뢰와 믿음이 생기고 존중의 마음이 생겼다. 나중에 결혼 준비를 하며 상견례를 했을 때 남편이 집에서 내 얘기를 정말 많이 했다는 걸 알았다.

집안사람들 중에 날 모르는 사람이 없었다.
어머님은 우리 아들을 힘들게 했다고, 처음에는
나를 그다지 좋아하지 않으셨다. 그래도
어머님이 말씀하셨다.
「중용이가 방황하던 시기에 마음을 잡고
군대에서 열심히 노력한 이유가 뭔지 아니?
원하던 학교에 입학하고 너에게 딱 멋있게
나타나고 싶었기 때문이라고 하더라.」
그때 다시 한번 알게 됐다. 이 사람, 정말 나에게
진심이구나. 주변 사람들 모두가 내게 그런
얘기를 해주니 정말 감동이었다. 그러던 중에
남편이 서울로 오라고 내게 제안을 했다. 남편은
당시 졸업 작품을 하던 차였는데 나도 남편의
작업을 보면서 기획 방향이나 피팅에 관한
의견을 말하며 함께 놀게 됐다. 일주일에
10시간씩 자면서 그 누구보다 성실하게 졸업
작품을 준비했던 남편은 결국 최우수 졸업을
하고 제일모직에 입사하게 됐다. 당시에는
빈폴이 제일모직에서 가장 유망한 브랜드였는데
남편은 곧바로 빈폴에 발령을 받았다.
승승장구하는 남편을 보며 여자친구로서 기쁘고

자랑스러웠지만 한편으로는 자존심이 상하기도 했다. 〈중용이는 자신의 미래를 저렇게 잘 개척하고 있는데 나는 뭘 하고 있는 거지〉 하는 생각이 들기도 했다.

## 더없이 고마운
## 나의 전 직장들

남편을 보며 나도 패션 회사에 들어가고 싶다는 생각이 들었다. 남편은 내게 패션을 보는 전반적인 안목이 좋으니 디자이너보다는 MD가 잘 맞을 것 같다고 조언했다. 〈회사를 다녀 보니 나보다 감각이 있거나 브랜드를 잘 아는 사람이 많이 없더라〉면서 자신감을 채워 줬다. 남편은 내게 취직을 해서 일을 배우며 전반적인 회사 시스템을 파악하는 게 좋겠다고 얘기했다. 당시에는 MD란 직업이 생소해서 처음에는 정확히 무슨 일을 하는 건지 잘 몰랐다. 그때부터 인터넷을 뒤져 보며 MD에 대해 공부했다. 복수 전공이었던 영문학과가 도움이 되어서 겐조KENZO, 파코 라반paco rabanne 같은 명품 브랜드를 수입하는 작은 회사에 입사를 했다. 다니던 학교에는 취업계를 낸 후 의무 시험만 치르고 겨우 졸업을 했다. 신입 때 처음부터 의류 디자인을 맡기는 어려워서 액세서리 파트부터 시작하게 됐다. 나는 명확히 패션을 전공한 사람도 아니었기 때문에 더욱 그랬다. 남성복 액세서리 MD로 일을 시작했는데, 의외로 일이 너무 재미있었다. 회사 규모는 작았지만 오히려 작았기 때문에 내가 하는 일에 대한 주변의 반응을 빠르게 볼 수 있었고, 내가 셀렉한 제품이 어떻게 매출로 이어지는지 곧바로 확인할 수 있어서 흥미로웠다. 요즘은 해야 할 업무가 각각 명확하게 나뉘어 있지만, 그 당시에는 MD가 셀렉과 바잉을 같이 했고 심지어 새롭게 바잉할 브랜드 기획까지 했다. 영업부는 따로 있었지만, 매장에 나가서 VMD가 하는 일까지 전부 도맡기도 했다. 디스플레이를 바꾸면 매출도 올라서 덩달아 신이 났다. 규모가 작은 회사여서 가능한 일이었다. 당시의 나는 신상품이 나올 때마다 매장에 갖고 가서 영업도 하고, 다른 부서

업무에도 관심이 많아서 담당자에게 질문하고 공부하며 꽤 적극적으로 일했다. 원래 사무실 안에서만 일을 해도 괜찮았지만, 오히려 작은 회사여서 현장을 따라가서 보는 것도 가능했고, 서로 불편한 상황만 아니라면 얼마든지 내 의견을 자유롭게 표출할 수 있었다. 회사에서는 그 편을 오히려 더 좋아했다.

그때를 생각하면 기억나는 일화가 하나 있다. 당시 회사에서 수입했던 액세서리는 지금의 크롬 하츠CHROME HEARTS와 비슷한 느낌이었다. 실버 보디에 해골이나 십자가로 장식한 디자인이 주를 이뤘다. 그 시기에 빅뱅이 갓 데뷔를 했는데 내가 보기에는 그들이 곧 뜰 것 같았다. 그래서 이 주얼리를 빅뱅이라는 아이돌 그룹에게 협찬해야 한다고 얘기했더니 회사에서는 전혀 관심이 없었다. 오기가 생겨서 내가 직접 협찬을 꼭 성사시키겠다고 빅뱅의 소속사에 계속 연락을 한 끝에 드디어 빅뱅을 담당하던 스타일리스트와 연결이 됐다. 그 당시 빅뱅은 슈퍼스타가 되기 전이라 사실 연락이 그렇게 어렵지는 않았고, 빅뱅 측에서는 협찬해 주는 것도 무척 고마워

했다. 스타일리스트도 다행히 우리 주얼리 스타일에 굉장히 만족했다. 그 인연으로 이후로도 몇 번씩 합정동에 위치한 빅뱅 소속사 사옥에 보따리장수처럼 드나들면서 반지 하나에 50만 원에서 100만 원 가까이 하는 고가의 브랜드지만, 우리는 빅뱅만 협찬하겠다고 딜을 했다. 솔직히 말하면 빅뱅 말고 다른 곳에 협찬할 만큼 물량이 많지도 않았다. 다행히 빅뱅도, 스타일리스트도 협찬한 주얼리를 아주 좋아했다. 그때는 협찬이 지금처럼 흔하던 시절이 아니라서 회사 사장님은 굉장히 반대하셨다. 70만 원짜리 반지를 5명에게 주면 350만 원인데, 사장님 입장에서는 충분히 큰 마케팅 비용이었다. 20년 전 시세에 70만 원짜리 반지는 정말 비싼 주얼리가 맞긴 했으니까. 지금처럼 SNS도 없을 때라 협찬 후에 실제적인 파급력이 있는지도 정확히 알 수가 없었다. 그래서 내가 사장님께 만약 빅뱅에게 반지 5개를 주고 완판되지 않으면 내 월급을 깎으라고 단호하게 얘기했다. 나는 그만큼 그들의 성공에 대해 자신이 있었다. 빅뱅이 큰 인기를 얻기 시작하면서 그들이 입는 옷과 액세서리들이 점점 노출되기 시작했지만, 처음부터 판매가 폭발적으로 이어지지는 않았다. 워낙 고가의 액세서리다 보니 초기에 빠른 결과가 나오진 않았던 거다. 하지만 회사에서 놀랄 만큼 많은 호응을 받으며 대박이 나기까지는 그리 긴 시간이 걸리지 않았다. 그 후 빅뱅 화보 현장에 가보기도 하고, 지드래곤으로부터 반지가 너무 마음에 든다는 얘기도 들었다. 회사와 주변 사람들로부터 많은 칭찬을 들으며 빅뱅 협찬은 명백한 해피 엔딩으로 끝났다.

누구보다 바잉하는 일에 진심이었지만 시간이 지나니 다른 일도 해보고 싶고 좀 더 큰 규모의 회사에도 도전하고 싶었다. 이후 두 번의 이직을 거치며 새로운 일들을 경험했다. 첫 회사에서 바잉, 기획, 영업까지 다 해보니 그 후에는 모두 어렵지 않게 일할 수 있었다. 생각하면 그 경험을 바탕으로 회사를 처음 시작할 때부터 지금까지 수월하게 할 수 있었다. 작은 회사는 자신이 욕심을 낸다면 영역에 구애받지 않고 다양한 일을 할 수 있는데, 오히려 큰 회사에 들어가니

한 분야의 일에만 집중해야 해서 전반적인 포지셔닝이 줄어든다고 느꼈다. 한 분야의 일을 깊이 있게 배울 수는 있지만, 내 기준에서는 시야가 넓어지지 않는 느낌이었다. 그런 면에서 대기업은 나와 맞지 않는다는 생각이 들기도 했다.

두 번째 회사에서는 브랜드 매니저의 역할을 주로 했다. 브랜드를 수입부터 마케팅, 영업, 홍보, 심지어 광고 모델 선정까지 다 한 팀에서 맡아서 했던 건데, 옛날 중소기업 규모의 패션 회사는 그렇게 운영하는 곳이 많았다. 오히려 더 많이 배울 수 있어서 나는 만족스러웠다. 내가 회사를 다닌 전체 기간은 비교적 짧았지만 그래도 짧은 시간 안에 폭넓게 일을 배울 수 있었던 건 다 내가 한때 몸담았던 회사들 덕분이라 무척 감사하게 생각한다. 당시에 함께 일했던 분들에게도 고마운 마음이다.

내가 바잉하고 싶은 제품 오더 리스트를 만들어서 사이트에 올려서 판매하고 백화점 매장에 제품을 구성해 주는 일들을 하면서 1년 동안 어떻게 제품 기획의 큰 그림을 그려야 하는지, 어느 정도의 예산 안에서 바잉을 하고 얼마나 판매해야 이익이 남는지에 대해 많이 배웠다. 두 번째 회사는 1년 넘게 다녔는데 역시 내게는 굉장히 고마운 회사로 기억된다. 그곳에서 내가 가진 능력도 인정받고 회사에서 처음 수입하는 미국 브랜드를 맡아서 신나게 일할 수 있었다. 당시 패션계의 중심은 수입 브랜드였기 때문에 재미도 있고 업무도 많아서 매일 밤 12시 이전에는 퇴근해 본 적이 없을 정도였다. 석촌호수 쪽에 있던 회사에서 경복궁 근처의 집까지 매일 지옥철이라는 지하철 2호선으로 출퇴근을 하면서 하루하루를 진짜 열심히 살았다. 당시에는 내가 패션의 흐름이나 연예인 협찬, 홍보 모델 선정까지 빼곡하게 잘 알고 있나! 생각해서 그에 대한 의견도 거리낌 없이 많이 냈다. 직급이 아직 대리였는데 그리 큰 영향력이 있을 리가 없었다. 그래도 상무님, 전무님께 끊임없이 당당하게 얘기해서 나중에는 오히려 어르신들이 나를 어려워하시기도 했다. 지나고 보면 내 말이 맞는 것도 있어서 그 뒤로는 그들로부터 인정받기도 했다.

다른 부서와 소통도 많이 하는 편이었다. 디자이너가 아니지만 디자인실에 가서 디자인에 대해 얘기하며 영감도 받았고, 디자이너들이 일하는 방식도 많이 배웠다. 영업부에서는 내가 담당한 브랜드를 어필하기 위해 밥도 사면서 좋은 매장 자리를 달라고 넉살 좋게 부탁하기도 했다. 어릴 때부터 구매 대행 사이트도 운영해 본 경험을 바탕으로 매일 능동적으로 일했다. 마지막 회사를 다니면서 여러 가지 러브콜을 비롯한 좋은 제안도 받았지만, 그때 엄마가 갑자기 아프셔서 때문에 나의 직장 커리어는 그 시점에서 끝이 났다.

## 엄마와 함께한 마지막 일 년

내 인생에서 가장 행복하고 슬픈 시기를 떠올리면 자연스럽게 그때가 생각난다. 서른. 어리다면 아직 어리고, 많다면 많은 나이. 행복하게 결혼식을 준비하던 그 시기에 엄마가 암 판정을 받으셨다. 셋째 이모가 신장 투석 중이었는데 신장 이식을 받아야 해서 사매들이 다 같이 검사를 했다. 그런데 뜻밖에도 엄마의 결과가 좋지 않게 나와서 서울에 있는 큰 병원에 가보라고 했다는 얘기를 들었다. 그러고 보니 날씬한 편이셨던 엄마가 어느 순간 유독 배만 접힐 만큼 너무 많이 나와서 의아했는데, 그 배 안에 혹이 자라고 있었다. 불행히도 통증이 전혀

없어서 몰랐던 거다. 그전까지 엄마는 한번도
크게 아프신 적이 없었다. 맹장 수술로 잠시
입원하셨던 걸 제외하면 큰 병원에 가 보신 적이
없고 감기약도 먹을 일이 많지 않으셨던
분이었다. 언젠가부터 갑자기 기절하듯 주무셨던
게 단순하게 호르몬이 불안정하거나 몸이 피곤한
거라고 생각했던 내 잘못이었다. 나는 직장을
그만두고 엄마와 시간을 보내야겠다고 생각했다.
나의 학창 시절에는 엄마가 너무 바빴고
고등학교, 대학교 때는 각자의 삶을 살기 바빴기
때문에 내가 엄마를 위해 1~2년 정도는 시간을
써야 한다고 생각했다. 남편에게 부탁했다.
〈당신에게는 정말 미안하지만 지금 이렇게 하지
않으면 평생 후회할 것 같다고. 1년만 일을 쉬고
엄마와 같이 있고 싶다〉고 했다. 남편이 흔쾌히
동의해 줘서 정말 고맙고 행복했다.
엄마가 아산 병원에서 치료를 받게 되어서
대구에 계시던 엄마를 서울에 있는 우리의
신혼집으로 모시고 왔다. 당시 우리 집은 경복궁
근처 옥인동에 위치한 옥탑방이었다. 보증금
1천만 원, 월세 55만 원짜리 작고 하얀 2층 집의

옥탑이었다. 작긴 했지만 뒤로 인왕산이 보이고, 앞에는 통인시장이 있어 살기 좋았다. 결혼 준비는 남편과 내가 직장 생활하며 각자 1천만 원씩 모은 2천만 원으로 했다. 결혼식은 양가 어른들이 살고 계신 대구에서 치르고 110만 원으로 신혼살림을 마련해 옥탑방에서 신혼 생활을 시작했는데 참 행복했다. 식을 올린 후에는 아픈 엄마를 모셔와 옥탑방에서 셋이 살았다. 거실과 방 2개, 비좁은 화장실이 있는 집에서 복닥복닥 살았다. 지금도 남편에게 고마운 건, 그 작은 집에서 방 하나를 엄마에게 내어 주어 나와 엄마는 침대에서 둘이 자고 남편은 진짜 조그마한 작업실 바닥에 이불을 깔고 잔 것이다. 남편은 그렇게 1년을 배려해 줬다. 살림이 빠듯할 때였는데도 일하지 말고 엄마를 잘 간호하라고 한 것도 정말 감동이었다. 남편은 자정이나 새벽 1시에 퇴근해서도 엄마를 꼭 1시간씩 마사지해 드렸다. 남편은 마사지를 기가 막히게 잘했고 엄마는 사위가 그렇게 해주는 걸 정말 좋아했다. 나는 엄마를 보살피느라 피곤해서 잠들어도 엄마는 사위

먹인다고 하루 종일 곰탕이나 삼계탕을 끓이고 갈비찜을 해놓고 기다리고 있던 장면이 생생하다. 엄마가 허리를 펼 수 없을 만큼 부엌이 작아서 음식 하기가 힘드니 밖에서 휴대용 가스레인지와 큰 버너를 사서 쪼그리고 앉아 하루 종일 무언가를 끓이고 있던 엄마의 모습도. 골목 저편에서 우리가 보이면 엄마는 옥탑방 앞에서 웃으며 손을 흔들었다. 그 모습을 보면 우리는 기대에 차오른다. 〈오늘의 요리는 뭘까〉 하면서. 그런 작은 기억들 때문에 투병 생활 1년이 아주 슬프지만은 않았다. 순간순간 느껴지는 소소한 행복들이 있었다. 내 기억 속에는 그 옥인동 옥탑방이 동화 같은 곳으로 남아 있다.

아산 병원에서 했던 1년간의 투병 생활은 입원과 퇴원의 반복이었다. 엄마도 나도 정말 지치고 힘들었다. 당시 아버지와 동생이 모두 일 때문에 지방에 있을 때라 나 혼자 오롯이 엄마를 간호해야 했다. 엄마가 항암 치료를 받았던 처음 1~2주는 너무 고통스러울 만큼 힘들고 식사도 못하서서 옆에서 같이 굶기도 했지만, 엄마의 컨디션이 나아졌을 때는 여기저기 좋은 구경도 많이 다녔다. 성북동도 가고, 광화문과 덕수궁 돌담길도 다니고, 남대문 시장도 가고, 엄마가 좋아하는 식당이었던 삼청동의 눈나무집도 갔다. 그때의 기억이 너무 행복해서 그 동네에 대한 기억이 참 아련하게 남아 있다. 그 힘들었던 1년 동안 나는 오히려 엄마에 대해서 더 많이 알 수 있었다. 왜 엄마가 힘들게 우리를 키웠다는 사실을 몰랐을까 하는 생각도 들었다. 나중에 아기를 낳은 후에 그제서야 엄마의 얘기들이 공감이 되어서 펑펑 울었다.

「은정아, 나는 너희가 식은 밥 먹는 게 싫어서 따끈따끈한 도시락 만들어서 배달해 주면서 너희를 위해 열심히 살았어. 너희가 나의 우주였고 나의 전부였어. 너희들이 정말 잘 되긴 바랐다.」

엄마의 말이 아직도 기억난다. 사실 엄마는 내게 실망한 부분이 많았을 것이다. 학창 시절에 나는 그렇게 자랑스러운 딸은 아니었으니까. 엄마 옆에 꼭 붙어서 1년을 지내면서 새삼 그 점이 미안했다. 내가 엄마에게 정말 자랑스러운 딸의 모습을 단 한 번도 보여 주지 못한 것 같아서.
엄마는 수술조차 어려운 상황에서 여러 차례 항암 치료를 받았지만 큰 효과를 보지 못했다. 엄마가 투병하는 동안 나는 내내 돈 걱정을 해야 했다. 조금이나마 있던 보험금으로 병원비를 충당했지만 장기간 입원하거나 1인실에 있어야 할 때면 비용을 감당하기가 버거웠다. 엄마의 보호자로서 모든 일을 혼자 감당하는 것도 쉽지 않았다. 병원비보다 더 큰 문제는 약 값이었는데 당시 임상 실험용 신약은 한 알에 10만 원이 넘었다. 그런 약을 하루에 두세 알씩 먹어야 했다. 1인실 입원비가 하루에 40~50만 원씩 하니 하루에 필요한 비용도 70만 원에 달했다. 그렇게 한두 달이 지나면 1억 원이 족히 넘었다. 카드를 돌려 막기도 하고, 여기저기서 돈을 빌리기도 했다. 매달 병원비를 계산하며 마치 내가 능력이 없어서 엄마를 지켜 내지 못할 것 같은 지독한 죄책감과 자책에 시달렸다. 처음에는 엄마가 입원했다고 하니까 이모, 고모들이 조금씩 도와줬지만 계속 도움을 받기는 어려웠다. 통장 잔고가 떨어지면 친척들을 찾아다니면서 돈 좀 빌려 달라고 부탁하고 꼭 갚겠다고 하는, 그런 과정들이 힘들고 슬프고 비참했다. 당시엔 어린 마음에 도와주지 않는 사람들을 많이 원망하기도 했다. 우리 부모님이 부유했던 시절에는 가족들에게 이런저런 도움을 많이 줬는데, 정작 이렇게 되니 다 외면하는 것만 같았다. 하지만 시간이 지난 지금은 당시 친척들의 입장도 어느 정도 이해가 된다. 누군가를 도와준다고 해도 한두 번으로 끝날 일이 아니니 쉬운 결정이 아니었을 거다. 그래도 그때는 원망하며 나중에 꼭 크게 성공할 거라며 이를 갈았다. 어리고 철이 없던 시절이었다. 돈을 잘 버는 사람이 된다면 아픈 사람들을 도와주고 싶다는 생각도 많이 했다. 그래도 내 인생에 그 시기가 있어서 내가 많이 성숙해질 수 있었다.

겨우 조금씩 마음을 추스르고 삶이 안정되었다고 느낄 즈음에 아빠에게도 암이 찾아왔다. 설상가상으로 이번에는 병의 진행이 너무 빨랐다. 그나마 엄마가 투병하시던 시절보다 경제적 여유가 생겨서 무언가를 해볼 수 있는 능력이 있었지만 결국 아빠도 6개월 만에 우리 곁을 떠나셨다. 그때 나는 마음 깊이 다짐했다. 과거의 나처럼 아픈 가족이 있지만 여러모로 안타까운 상황에 놓인 사람들을 위해 내가 도울 수 있는 일을 반드시 하겠다고. 베베드피노를 통해 많은 사람들의 사랑을 받은 만큼 그 사랑을 다시 돌려주는 일은 너무 당연한 일이기도 했다. 그 사실을 우리 가족을 통해 새삼 느끼게 된 것은 어쩌면 내게 주어진 또 하나의 기회였는지도 모른다. 이런 생각을 계기로 여러 단체에 기부를 하기 시작했는데 그중에서도 아픈 어린이들을 위한 기부에 가장 마음이 끌렸다. 베베드피노가 키즈 브랜드이기도 하고 나 역시 두 아이의 엄마이기 때문이기도 했다. 그리고 우연히 받은 어느 메시지도 그런 선택을 하게 만든 결정적인 이유가 되었다. 어느 날, 한 엄마로부터 SNS DM을 받았다. 그 분은 조심스럽게, 그리고 참 따뜻하게 이야기를 건넸다.

〈병원에 입원 중인 우리 아이는 매일 환자복만 입어요. 그런데 외출할 수 있는 몇 안 되는 날에 꼭 입는 사복 중 하나가 베베드피노예요. 그 옷을 입고 나들이를 갈 때마다 환해지는 아이의

얼굴을 볼 때면 제 마음도 행복해집니다. 정말 감사해요.〉

그 짧은 메시지는 나의 마음에 깊은 울림을 주었다. 우리가 만든 옷이 누군가에게는 하루를 견딜 수 있는 힘이 되고 오늘을 좀 더 예쁘게 기억할 수 있는 이유가 된다는 것. 정말이지 그걸로 충분하다고 생각했다. 가끔은 베베드피노의 옷을 기부할 때도 있다. 한번은 지인을 통해 소아암 환아들에게 베베드피노 옷을 보냈는데 당시 재고가 부족하고 시간도 촉박해서 부득이하게 B품 옷을 보내야 했던 적이 있었다. 눈에 띄지 않는 정말 작은 하자의 B품이었지만 내내 미안한 마음이 자리잡고 있었다. 그런데 며칠 뒤, 그 옷을 입은 아이가 내게 편지를 보냈다. 예쁜 글씨로 꾹꾹 눌러쓴 그 손 편지에는 이런 문장이 있었다. 〈제가 태어나서 입어본 옷 중에 가장 밝고 예쁜 옷이었어요.〉 그 한 문장을 읽는 순간, 나는 참았던 눈물을 쏟으며 소리 내어 울었다. B품을 보낸 게 너무나 미안했고, 그 따듯한 아이의 진심이 걱정했던 내 마음을 와락 안아 주었다. 나는 그 아이를 잊지 않고 몇 달 후,

신상 아이템이 나오자마자 가장 먼저 그 아이에게 예쁘게 포장해서 보냈다. 무엇보다 새롭고 예쁘고 반짝이는 옷으로. 그 일을 계기로 나는 더 확실히 알게 됐다. 우리가 만든 옷이 누군가의 하루를 밝히고 누군가의 삶을 기억하게 만든다는 것을. B품과 신상품이 중요한 것이 아니라 내 마음이 진심이었는지가 중요하다는 것도 깨달았다. 그 진심은 언젠가 꼭 서로에게 닿는다는 것도. 그렇게 우리의 브랜드는 조용하지만 꾸준하게 어려운 환경에 있는 아이들, 희귀 난치병을 앓고 있는 아이들, 우리의 도움이 필요한 아이들을 위해 여러 경로를 통해 아낌없이 지원하고 기부하고 있다. 그리고 그 마음은 강남 세브란스 병원의 희귀 난치병 연구 기금 전달까지 이어지게 되었다. 미토콘드리아 질환이라는 희소 난치 유전 질환 연구를 위한 기금으로 쓰일 예정이며 아직까지 근본적인 치료 약이 없어 약물 개발을 비롯한 여러 연구가 절실히 필요한 상황이라는 이야기를 전해 들었다. 우리의 기부로 아픈 아이들을 치료할 수 있는 연구에 조금이라도 속도를 더할 수 있다면 더 바랄 게 없을 것이다. 우리가 이어 가고 있는 기부의 행보는 내가 베베드피노와 더캐리를 통해 이루고 싶었던 진정한 마음과 삶의 방향이다. 그 사실은 처음부터 지금까지, 그리고 앞으로도 변하지 않을 것이다.

엄마가 돌아가신 후에도 무작정 슬퍼하고 있을 수 없는 일들이 연이어 벌어졌다. 그 과정에서 나는 돈 때문에 이렇게 사람이 비참해질 수도 있고, 돈 때문에 사람이 기쁠 수도 있다는 것을 배웠다. 엄마가 돌아가시기 전에 수첩을 하나 주셨는데 돈을 빌리고 갚았던 내용, 엄마에게 돈을 빌린 사람, 엄마가 빌린 돈 등 돈에 관련한 내역을 빼곡히 정리해 놓으셨다. 엄마가 돌아가신 후에는 엄마에게 돈을 갚아야 할 사람들은 한 명도 나타나지 않고, 엄마가 돈을 빌린 사람들은 정체불명의 차용증을 가져와서 돈을 갚으라고 난리였다. 엄마의 사망 신고를 하며 슬퍼할 겨를도 없었다. 집으로도 많은 사람들이 찾아왔다. 전세 보증금을 빼서 돈을 갚으라고 하는 사람도 있었다. 나는 매일 심장이 벌렁거리고 온몸에 힘이 빠졌다. 다행히 남편이 모든 일을 별 탈 없이 잘 처리해 줬다. 난생처음으로 변호사를 만나서 법적으로 해결하는 방법도 배웠다. 내가 법적으로 물려받아 갚아야 되는 부분도 있긴 했지만 그 이상으로 부당하게 요구하는 문제들 앞에서 나를 든든하게 지켜 준 것이다.

힘든 시기를 겪는 사이, 나도 성장하고 우리 부부 사이도 더욱 돈독해지고 동생과 함께 이런저런 문제들을 해결하면서 전보다 사이가 좋아지기도 했다. 엄마가 내 곁에 없게 된 후에 깨닫게 됐다. 이게 진짜 어른들의 세상이고, 그동안 내가 너무 세상 물정을 모르고 순진하게 살았다는 것도 알았다. 엄마라는 큰 울타리가 사라지니 엄마가 지켜 줬던 모든 게 우르르 무너지면서 내 앞에 쏟아진 거다. 짧은 시간 동안 감당하기 어려운 일을 많이 겪었다. 내가 유독 남들보다 빨리 경험한 것들이 많은데, 지금은 그 사실을 감사하게 생각한다. 그런 시간이 오히려 나를 더 강하고 단단하게 만들었고 내가 진짜 열심히 살아야 하는 이유가 되어 주었다. 나는 원래 여리고 나약한 존재였고 귀도 얇아 주변에 쉽게

휩쓸리는 아이였는데, 이런 일들을 겪으면서
하나씩 나만의 삶의 기준이 만들어지기
시작했다.
엄마가 돌아가신 후에 나는 모든 걸 다 잃었다고
생각했고, 사실 살고 싶지 않았다. 거의 일주일은
아무것도 먹지 않고 집에만 있었다. 남편은 계속
출근하느라 바쁘기도 했지만, 나중에 말하기로는
나를 잠시 가만히 내버려 둘 시간이 필요한 것
같았다고 했다. 너무 굶다 보니 쓰러져 링거까지
맞을 정도로 몸이 망가졌다. 시간이 조금 흐른 후
남편은 나 몰래 회사에 이력서를 넣어 어쩔 수
없이 다시 일을 하게 만들었다. 처음에는 슬퍼할
시간도 주지 않는 것 같아 남편을 원망했다.
하지만 그때 일하지 않았다면 나는 훨씬 더
엉망이 되었을 것이다.

## 행신동에서 시작된 새로운 챕터

한바탕 인생의 태풍이 몰아치고 잠잠해졌을 때 남편은 아이를 갖자고 했다. 엄마를 보내고 나서 일주일 동안 물 한 잔 마시고 버티면서 죽겠다는 말을 입 밖으로 뱉진 않았지만 아무것도 하지 않은 채 깊은 우울증에 시달렸다. 내가 살려고 하는 모든 행동에 대한 죄책감이 들어서 몇 달을 폐인처럼 살았다. 살이 급속도로 빠지고 몸도 많이 망가져서 다들 걱정을 했는데 남편만은 날 그냥 내버려 뒀다. 아무 얘기도 하지 않고 그냥 일주일에 한두 번 링거만 맞게 했다. 그런 시간을 거쳐 점점 다시 일상으로 돌아왔다. 몸을 추스르면서 아이를 가지기 위해서 노력했다.

운동도 하고 수영도 다니고 요가도 배우면서 건강한 몸을 다시 만들어서 잘 살아야겠다고 생각했다. 그때 나에게는 새로운 삶의 의미가 필요했다. 오래지 않아 첫째 솔이를 갖게 됐다. 출산이 다가올 때쯤 옥인동 옥탑방이 아이 키우기에는 좋은 환경이 아니라 이사를 생각했다. 우리가 가진 예산에 맞는 경기도 부근의 집을 알아봤고 고양시 행신동에 저렴하게 나온 27평 아파트를 매매하게 됐다. 아이가 있으니 막연히 20평대라도 아파트에서 살고 싶었다. 그쪽에 연고가 있었던 것도 아니었다. 그렇게 처음 고양시에 갔는데 세상에, 도로도 넓고 큰 공원도 있고 모든 게 잘 계획된 깨끗한 신도시가 내게는 너무 충격적이었다. 언덕이 많던 옥인동만 보다가 반듯한 평지로 조성된 고양시는 신세계였다. 아이를 키우기 정말 좋을 것 같았다. 당시 남편은 이랜드로 이직했을 때여서 직장이 고양시와는 정말 멀었는데 나와 솔이를 위해 이사를 결정했다. 우리 집은 오래된 단지였지만 깨끗하고 관리도 잘 된 곳이었다. 큰 마트도 단지 옆에 있고, 주차장도 넉넉했다.

옥탑방에 살았던 시간들이 있었기 때문에
행신동에서의 모든 게 다 만족스러웠다. 아직도
생생하게 기억나는 일이 있다. 아빠가 정말
오랜만에 우리 집에 오셨다. 나는 신이 나서
〈아빠, 우리 집 샀어. 구경시켜 줄게〉 했는데
아빠는 속상하다며 눈물을 보이셨다. 조그맣고
오래된 아파트를 보고 마음이 좋지 않으셨던
모양이다. 그때는 아빠의 반응이 정말 섭섭했다.
하지만 이제 나도 부모가 되어 보니 그때의 아빠
마음이 어땠는지 조금은 이해할 수 있다. 어릴
때는 그래도 집이 번듯하고 잘 살던 때가
있었는데 딸이 집을 살 때 도와주지 못하는
상황이 속상하고 안타까운 마음에 괜히 그런
행동을 하셨다는 것을. 나 역시 힘든 시간들이
없었다면 행신동에 주어진 행복을 느끼지 못했을
거다. 하지만 아빠도 그건 모르셨을 거다. 아빠가
눈물을 보이실 만큼 작고 오래된 그 집에서
우리의 반짝이는 미래가 시작될 거라는 사실을.
엄마가 돌아가신 뒤, 아빠는 우리 곁을 지켜 주는
아주 든든한 존재가 되었다. 아이들은
물론이지만 특히 내게는 어쩌면 본격적으로 일에

매진할 수 있도록 해준 가장 고마운 조력자였다. 첫째 솔이를 낳고 혼자 낑낑대며 육아와 일을 병행하던 시절에는 두 마리 토끼를 잡으려 하는 것이 얼마나 어려운지 온몸으로 절실히 느꼈다. 둘째 결이의 탄생과 동시에 회사는 폭풍처럼 성장했고, 그 무렵 다른 도시에 살고 계시던 아빠가 우리 곁으로 와 주셨다. 그때부터 아빠는 우리 부부를 대신해 아이들의 등하원과 집안 살림, 아이들이 아플 때 돌봄과 병원을 오가는 것까지 온전히 도와주셨다. 당시 아이들의 유치원은 집에서 차로 30분 거리였고 셔틀버스도 없었다. 아빠는 매일같이 그 길을 오가며 등하원을 책임지셨고 아이들이 필요한 걸 말만 하면 언제나 슈퍼맨처럼 나타나서 해결해 주셨다. 주말이면 남편보다 아빠와 더 많은 시간을 보냈고 해외여행을 갈 때도 늘 아빠와 함께였다. 아빠는 우리 곁에서 온 힘을 다해 아낌없이 사랑을 쏟아 준 사람이었다. 그 시간이 너무나 그립고 소중하다. 누군가 내게 〈지금까지 어떻게 이 일을 해냈는지〉 묻는다면 그 대답에는 반드시 아빠가 들어가야 한다. 내가 엄마와 딸로 살면서 동시에 브랜드 대표로 일할 수 있었던 이유는 다름 아닌 〈아빠의 도움〉이었다. 바쁜 남편 대신 주말과 휴일에도 아이들과 함께하시는 아빠에게 어느 날 나는 조심스레 말했다. 「아빠도 혼자 쉬고 싶으실 텐데, 저희들 때문에 마음 편히 쉬지 못하셔서 죄송해요.」 그 말에 아빠는 웃으시더니 이렇게 말씀하셨다. 「너희와 더 많은 시간을 함께할 수 있어서 오히려 내가 더 고맙지.」 그 한마디에 나는 울컥했고 말없이 아빠를 꼭 안고 싶었다. 그리고 아빠를 떠나 보낸 후, 그리움이 폭풍처럼 몰려오던 날, 나는 아빠와의 오래된 카톡 대화를 열어 보았다. 내가 보낸 수많은 메시지에 빠짐없이 달려 있던 단 하나의 이모티콘, 〈오케이〉였다. 〈오케이~아빠가 데려 갈게〉, 〈오케이~병원 가 볼게〉, 〈오케이~이따 사 올게〉. 늘 그렇게 말없이 모든 걸 수용하고, 받아들이고, 행동으로 보여 줬던 사람. 그 〈오케이〉 하나하나에 아빠의 사랑이 고스란히 담겨 있었다. 며칠 밤을 펑펑 울면서 그 대화를 읽고 또 읽었다. 나와 아이들에게 평생 아무 조건 없는 사랑을 주셨던 우리 아빠를 나는 영원한 우리의 〈오케이 맨〉으로 기억할 것이다. 그리고 지금도 나는 〈오케이 맨〉이 너무나 미치도록 보고 싶다. 생각해 보면 다른 가족들보다 아빠와 내가, 그리고 아이들이 함께 만든 추억이 유독 많았다는 것도 참 감사한 일이다. 특히 둘째 결이는 태어나고 자라 온 8년 동안 거의 매일같이 수많은 순간을 함께했다. 이제는 내 마음속 깊은 곳에 아빠와의 따뜻한 추억이 남아 나를 웃게도 하고, 눈물짓게도 한다. 그리고 나는 오늘도 그 따뜻한 기억을 되새기며 조심스럽게 또 한 걸음을 나아간다.

나의 영원한 오케이 맨 아빠.

## 워킹맘으로
## 나답게 사는 법

유난히 다사다난했던 어린 시절과 성장의 고비들이 있었기에 비로소 지금의 내가 존재할 수 있었다. 현재의 나는 더캐리의 대표인 동시에 두 아이의 엄마이기도 하다. 첫째가 한 살일 때 베베드피노를 시작했고 법인을 설립하며 브랜드로서 어느 정도 자리를 잡았을 때는 2014~2015년쯤이었다. 당시 첫째 솔이는 5살, 둘째 결이는 2살이었다. 거의 태어날 때부터 〈일하는 엄마〉를 보고 자랐으니 아이들에게 엄마가 매일 아침 출근하는 건 너무나 자연스러운 일이었다. 하지만 커 가면서 친구들 엄마가 유치원 하원 시간에 마중을 오고 간식을 챙겨 주는 모습을 보면 부럽다는 말도 종종 했다.
「엄마도 집에 있으면 안 돼? 유치원 끝나고 오면 간식 준비하고 날 기다려주면 좋겠어.」 그런 말을 들을 때면 마음이 짠했다. 그래서 특별한 날이 아니어도 가끔은 아이들을 하원하러 가기도 했고, 아이스크림 하나씩 들고 놀이터에 가거나 키즈 카페에 가기도 했다. 나만의 방식으로 아이들과 소소한 추억을 쌓고 싶었다. 아이들이 점점 자라고 초등학생이 되면서 상황이 조금 달라졌다. 친구들이 베베드피노 옷을 입거나 아이스비스킷 가방을 들고 있는 모습을 보면 〈그거 우리 엄마 회사 거야〉 하며 자랑스러워했다. 학교에서 친구들과 있었던 이야기를 들려줄 때마다 아이의 눈빛이 반짝였고, 그 순간이 내게도 큰 위로와 응원이 되었다. 이제는 바쁘게 일하는 엄마를 두 아이 모두 조금은 이해하고 인정해 주는 것 같아 아이들에게 참 고맙다. 사실 아이들에게 미안한 마음은 지금까지도 늘 마음 한편에 자리하고 있다. 일하는 엄마라면 누구나 그렇겠지만, 아이가 아플 때조차 옆에 있어 주지 못할 때 가장 마음이 아팠다. 출장 중이거나 급한 업무가 있어서 바로 달려갈 수 없었을 때 느꼈던 감정들은 오래도록 마음에 남아 있다. 특히 아이들이 어릴 때는 그런 일이 더 잦았는데 그럴 때마다 〈바쁜 엄마라서 미안해〉라는 말이 늘 맴돌았다. 아이들에게 고마운 마음은 말로 다 못할 정도다. 엄마가 항상 곁에 있지 않아도 자기 일을 스스로 해내고, 무탈하게 잘 자라 준 것만으로도 충분히 감사하다. 크게 표현하지는 않아도 아이들이 엄마의 삶을 이해하려고 노력하는 모습이 대견하고 기특하다. 나의 이런 마음은 아마 많은 워킹맘들이 공감할 것이다. 아이들에게 늘 미안하지만, 그래서 더 많이 고맙고, 그래서 나도 더 열심히 살아가게 된다.

돌이켜 보면 아이들과 함께 힘든 순간도, 기쁜 순간도 참 많았다. 그중에서도 가장 힘들었던 시기는 3년 전에 첫째 솔이가 예술 중학교 입시를 준비하던 때였다. 당시 집은 일산이고, 회사는 한남동에 있었는데 매일 일산과 서울을 오가며 출퇴근을 하는 것만으로도 나는 이미 지친 상태였다. 그런데 입시 준비라는 게 아이

혼자만의 일이 아니었다. 1년 반 동안 미술 학원을 다녔던 솔이의 스케줄에 맞춰 도시락을 챙기거나 배달 음식을 챙겨 보내는 것도 당시 나의 중요한 임무 중 하나였다. 출장 중이든, 회의 중이든, 미팅 중이든 관계 없이 정해진 아이의 식사 시간에 음식이 꼭 도착해야 했고, 아이가 먹을 수 있는 메뉴도 한정적이라 매일 메뉴를 고민하는 것 자체가 내게는 큰 미션과도 같았다. 한 번은 솔이가 짜장면이 먹고 싶다고 해서 시간을 겨우 빠듯하게 맞춰 주문했는데, 배달 기사님의 실수로 음식이 1시간 뒤에 도착해서 퉁퉁 불어 버린 적이 있었다. 그걸 보며 속상해 하는 아이에게 너무 미안했던 기억이 난다. 가장 기뻤던 순간은 단연 솔이가 원하던 예술 중학교에 합격했을 때였다. 내가 큰 상을 받고 사회적으로 인정받는 일도 물론 감사하고 기쁘지만, 아이가 자신의 힘으로 일궈 낸 인생의 첫 번째 성과가 부모에게는 말로 다할 수 없는 벅찬 감동이었다. 그 순간만큼은 세상에서 가장 행복한 사람이 된 기분이었다. 결국 나도, 그냥 엄마였던 거다.

베베드피노의 시작은 첫째 딸, 솔이의 출산과 함께였지만 돌아보면 진정한 성장의 가속도가 붙은 건 둘째 딸, 결이가 태어난 후였다. 아동복 브랜드는 사이즈를 연령별로 다양하게 갖춰야 하는 게 정석이지만, 초창기에는 그마저 쉽지가 않았다. 솔이에게 입히기 위해 만든 옷이니 당연히 솔이 사이즈에 맞게 제작하기 바빴고 그게 브랜드의 전부였다. 그러던 중에 결이가 태어났고, 자연스럽게 베베드피노의 베이비 라인이 만들어졌다. 그러니까 지금도 많은 아기와 엄마들의 사랑을 받고 있는 베이비 라인을 시작한 건 다 결이 덕분이었다. 우리에게 찾아온 작은 복덩이, 결이는 태어날 때부터 우리에게 행운을 안겨 준 아이였다. 임신 중에도 밤낮없이 일하고 퇴근 후에도 솔이 육아에 여념이 없던 날들. 솔이 때처럼 태교를 챙기는 건 사치였고, 태교 여행은 꿈도 못 꾸던 시절이었다. 출산도 나의 업무 스케줄에 맞춰 1월 마지막 날로 정해졌을 정도였다. 지금 생각하면 그 상황에 웃음밖에 나오질 않지만 그때는 그만큼 모든 게 촉박하고 절실했다. 그렇게 태어난 결이는 할아버지, 이모, 육아 도우미 이모님 등 수많은 사람들의 따뜻한 손길 속에서 스스로, 알아서 튼튼하게 자라 주었다. 잘 먹고, 잘 자고, 잘 싸고, 어디서든 척척 적응하며 마치 손이 가지 않는 아이처럼 잘 자라 준 결이. 그래서 더 미안했다. 아이의 모든 순간을 함께하지 못하고 세세히 챙겨주지 못한 엄마로서 항상 마음에는 결이에 대한 애틋함이 남아 있다. 하지만 결이는 엄마의 감정이 무색할 만큼 독립적이고 씩씩한 아이로 자랐다. 학교 생활도 성실히 해내서 만나는 선생님마다 칭찬 일색이었다. 결이 같은 아이라면 몇 명도 더 키울 수 있다고 할 만큼 곱고 순한 아이다. 만약 결이가 없었다면 우리가 베베드피노를 지금처럼 규모 있게 성장시킬 수 있었을지 상상이 되지 않는다.
아이들이 자라면서 나는 조금씩 긴장하게 됐다. 이제는 아이들이 그저 귀엽게 웃어 주던 아기 모델이 아니라 엄마에게도 솔직한 피드백을 서슴지 않는 〈작은 평가자〉들이 되어 있었기 때문이다. 〈이건 괜찮아, 그런데 저건 입으면 좀 불편해〉, 〈여기 목 부분이 간질간질해〉, 〈색은 예쁜데 디자인은 좀 유치해 보여〉, 이런 거침없는 말들을 들었을 때 처음에는 당황스럽기도 했지만, 오히려 그런 이야기들 덕분에 나는 아이들을 더 깊이 관찰하고 이해하려는 마음을 갖게 됐다. 새로운 상품이 출시되면 아이들에게 가장 먼저 입혀 보고, 씌워 보고, 둘러보며 반응을 본다. 그리고 아이들이 〈예쁘다!〉, 〈나 이거 갖고 싶어!〉라고 말해 주면 그 어떤 칭찬보다도 뿌듯하다. 그 누구보다 나를 잘 알고, 가장 냉정하게 진심을 말해 주는 아이들이 있기에 나는 오늘도 긴장감 있고 든든하게 이 일을 이어갈 수 있다. 엄마이자 디자이너, 그리고 브랜드의 대표로 살아가는 지금, 나에게 가장 강력한 인정 욕구를 불러일으키는 존재는, 역시 두 딸이다. 아이들은 더캐리 브랜드의 진짜 뮤즈이자 내가 이 일을 계속할 수 있었던 가장 큰 원동력이었다.

첫째 솔이는 베베드피노의 초창기 모델로 아이스비스킷까지 이어지며 오랜 시간 우리의 피팅 모델이 되어 주었다. 무려 두 살부터 열두 살까지, 중간에 쉬었던 몇 시즌을 제외하면 거의 매해, 매시즌마다 메인 피팅 모델부터 사이즈별 편차 확인까지 그야말로 〈살아 있는 샘플〉 역할을 해주었다. 그때는 몰랐지만 이후 외부 피팅 모델을 섭외하고 실제 촬영과 피팅 일정을 관리해 보니 그 시간이 아이들에게 얼마나 고된 것이었는지 비로소 알게 됐다. 아직 어린 나이에 수십 벌의 옷을 갈아 입고 오랜 시간 서서 피드백을 받아야 했던 일을 아무 말 없이 묵묵해해준 솔이가 지금 생각하면 얼마나 대견하고 고마운지 모른다.

아이스비스킷 키즈 라인까지 늘 자연스럽게 내 곁에 있었던 결이. 조용하고 얌전한 성격 덕분에 초콜릿과 아이스크림 하나만 있으면 두세 시간은 거뜬히 촬영과 피팅을 이어갈 수 있었던 역대급 효녀 모델이었다. 그때는 그게 익숙한 일처럼 느껴졌지만, 지금 돌이켜 보면 그건 절대로 당연한 게 아니었다. 어린 두 아이가 엄마 아빠와 브랜드를 위해 자신의 시간을 흔쾌히 내어 준 순간들이 얼마나 귀하고 소중했는지를 이제서야 더 깊이 깨닫고 있다.

그동안 내가 육아와 일을 균형 있게 할 수

있기까지는 나 혼자만의 노력이 아니라 남편의
도움이 컸다. 남편은 정말 가정적이어서 내게도,
아이들에게도 늘 최선을 다하는 사람이다.
아이들이 7살, 4살일 때 처음 유럽으로 장기
출장을 갔는데 가기 전부터 정말 걱정이 컸다.
아직 어린 시기에 엄마가 이렇게 오랜 시간
자리를 비운다는 것이 염려가 됐는데, 그 시간
동안 남편은 아이들과 정말 최선을 다해 놀며
함께 시간을 보냈다. 그 덕분에 아이들도 〈아빠랑
있는 시간이 재미있다〉고 느꼈고, 그 뒤로는
아빠와 놀고 싶어서 엄마의 출장 일정을
아이들이 기다릴 정도였다. 바쁜 아빠와 꼭
붙어서 보내는 시간이 아이들에게 또 하나의
즐거움이 된 거다. 내가 주말에 업무가 있을 때도
남편은 아이들과 셋이서 최대한 즐거운 시간을
보내곤 한다. 부부가 함께 있을 때는 함께, 각자
일이 있을 때는 다른 한쪽이 그 공백을 채워 주는
게 우리 부부만의 육아 방식이었다. 퇴근 후에
내가 요리를 하면 남편은 설거지와 청소를
맡는데, 그 역할 분담은 지금까지도 계속되고
있다. 우리 부부의 육아 방식이 크게 거창한 건

모델 솔이.

첫째 솔이는 베베드피노의 뮤즈였다.

아니지만, 그런 일상의 작은 협력들이 결국 우리 가족을 지금처럼 안정되고 단단하게 만들어 줬다고 생각한다. 육아를 하며 아이들과 서로 정한 별도의 규칙은 없었지만, 내 안에는 늘 분명한 기준과 원칙이 있었다. 일보다 아이들과 가정이 중요하다는 것이었다. 지금도 그 생각은 변함이 없다. 아이에게 공식적으로 중요한 행사는 무조건 우선순위를 두고 참석했고, 아이 친구들과 함께하는 플레이 데이트나 소소한 일정도 다른 엄마들에게 부탁하기보다는 내가 직접 함께하려고 애썼다. 회사 규모가 점점 커지면서 그런 시간이 줄어든 건 사실이지만, 아이들의 마음에 상처가 남지 않도록 정말 많이 노력했다. 그런 마음을 아이들도 알았는지, 요즘은 〈엄마, 바쁘면 안 와도 돼〉 하고 엄마가 안심할 수 있도록 먼저 말해 주기도 한다. 주중에는 어쩔 수 없이 늦게까지 일할 때가 많지만, 주말만큼은 어떤 일이 있어도 아이들과 함께 보내려고 했다. 잠깐이라도 외출해서 함께 바람을 쐬고, 작더라도 새로운 경험을 하게 해주고 싶었다. 그렇게 쌓인 여행과 일상의

어린 시절의 모델 결이.

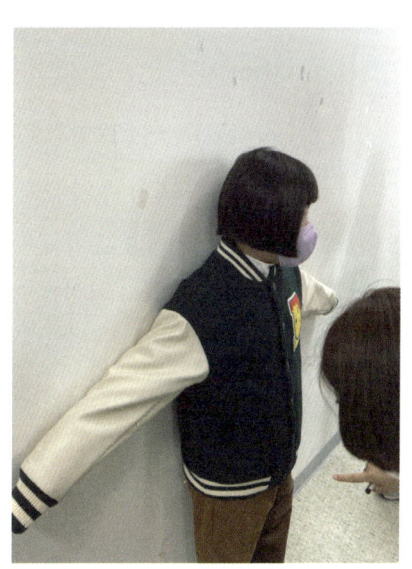

피팅하는 둘째 결이.

소중한 기억들이 지금 내게는 가장 큰 선물이자 마음의 자산이다. 〈더 많이, 더 자주 아이들과 시간을 함께할 걸〉 하는 아쉬움도 있지만, 그 마음을 기억하며 지금도 가능한 한 아이들의 곁을 가장 가까이에서 지키려고 한다.
나는 늘 아이들에게 〈떳떳한 엄마〉이고 싶다. 이 일을 시작하게 된 것도 아이들이었기 때문에 아이들 앞에서 더 당당하고 진심으로 일하고 싶다는 마음이 크다. 일을 할 때도, 육아를 할 때도 내 기준은 항상 같다. 〈내 선택이 아이들에게 부끄럽지 않은가?〉 이 질문을 늘 마음에 두고 살아가고 있다. 교육에 대해서는 남편도 전적으로 내 의견을 존중해 주는 편이다. 우리는 아이가 스스로 원할 때, 아이가 원하는 방향으로 가는 것이 가장 중요하다고 생각한다. 그래서 되도록 아이들과 많은 대화를 나누고, 아이들의 생각을 먼저 들으려 한다. 솔이가 미술을 전공하겠다고 했을 때도, 결이가 나중에 유학을 꼭 가고 싶다고 했을 때도 그 결정이 일방적이지 않도록 아이와 충분히 고민하고 대화하면서 함께 길을 찾아 가려고 했다.

아이들에게 〈스스로 선택하고, 스스로 책임지는 삶〉을 살았으면 좋겠다고 얘기한다. 아이들이 누군가가 대신 정해 준 길이 아니라, 자신의 인생을 자기 힘으로 걸어가는 사람으로 자라나길 바란다. 그 선택이 무엇이든, 본인의 의지로 결정하고 끝까지 책임질 줄 아는 사람. 그게 결국 진짜 단단한 사람이 되는 길이라고 믿기 때문이다. 또 다른 하나는 〈노력 없는 결과는 없고, 쉽게 얻은 건 쉽게 사라진다〉는 거다. 아이들에게 항상 이야기한다.
「엄마 아빠가 지금 이룬 것들은 결코 당연한 게 아니야. 너희가 가진 배경이 너희의 자산이라고 생각하지 않았으면 좋겠어. 스스로 얻은 성취만이 진짜 너희의 것이고, 그걸 통해 떳떳하게 살아야 한다.」
세상은 점점 더 빠르게 바뀌고 아이들이 클수록 선택도, 기회도 많아지겠지만 결국 자신의 중심을 잃지 않고 살아가는 힘이 제일 중요하다고 생각한다. 그래서 아이들이 어떤 상황에서도 자기답게, 바르게, 흔들림 없이 살아가는 사람으로 자라 주기를 바라고 있다.

나는 더캐리를 설립하기 전까지 평범하다면 평범한 삶을 살았다. 대학 다니고, 직장 다니고, 결혼해서 아이를 낳고, 경력이 단절된 기간도 있었고, 그 많은 과정 끝에 더캐리까지 오게 된 거다. 아이를 낳으면 여자로서 나의 인생은 끝나는 것 같다는 생각을, 특히 패션 업계에서는 많이 한다. 패션 회사에서는 출산 후에 복직하는 사례가 많지 않고 이혼한 여성들도, 결혼을 하지 않고 혼자 사는 여성들도 많다. 여성 대표나 임원은 평범한 가정을 꾸리기 쉽지 않다. 만약에 아이들이 없었다면 지금의 나도, 우리 가족도 없었을 거다. 아이를 낳고 부모가 된다는 건 단순히 역할만 바뀌는 게 아니라 세상을 바라보는 눈이 완전히 달라지는 경험이다. 그전에는 세상의 중심이 〈나〉였다면, 이제는 〈누군가를 위해 사는 삶〉이 내 중심이 되었다. 타인의 감정에 더욱 귀를 기울이게 되고, 배려하는 마음의 폭도 훨씬 커졌다. 그렇게 내가 아닌 누군가를 온전히 생각하게 되면서 처음으로 부모님의 마음도 깊이 이해하게 됐다. 예전엔 미처 몰랐던 그들의 희생과 기다림, 사랑의 방식들이 이제는 마음으로 온전히 느껴진다.
그리고 무엇보다 지금 내가 하고 있는 모든 일,
브랜드를 만들고, 이야기를 전하고, 새로운 길을
만들어 가는 이 모든 것은 결국 아이들이
있었기에 가능했고 더 큰 의미가 있었다. 엄마가
된 나를, 그리고 지금의 이 길을 나는 참
감사하고, 자랑스럽게 여긴다.

2023년 2월 내 생일날, 우리 가족.

2023년 8월 뉴욕의 루나 파크.

2024년 2월 하와이 가족 여행.

2024년 7월 LA 게티 빌라.

## 진정한 나를 완성하는
## 취향에 대하여

더캐리에서 전개하는 브랜드들이 키즈와 주니어 중심이다 보니 나의 개인적인 스타일을 대중적으로 드러낼 기회는 사실 많지 않았다. 하지만 내 취향이 브랜드에 전혀 반영되지 않았던 건 아니다. 브랜드 기획이나 제품 디자인 과정 안에 내가 좋아하는 무드나 분위기가 자연스럽게 스며들어 있다. 나는 사랑스럽고 여성스러운 스타일보다는 중성적인 무드의 유니섹스 룩을 더 선호하는 편이다. 오버사이즈 실루엣, 심플하면서 구조적인 라인, 편안하지만 세련된 무드를 좋아하는데 그런 요소들이 브랜드의 디테일에도 조금씩 드러나 있다. 사실

내 취향이 고스란히 담긴 브랜드를 언젠가 꼭
전개해 보고 싶은 생각은 늘 갖고 있다. 지금은
다양한 연령대의 브랜드를 운영하며 고객의
취향에 맞추는 균형 감각을 중요하게
생각하지만, 상황과 시점이 맞을 때에 나만의
감성에 집중한 브랜드를 진지하게 만들어 보고
싶다. 자연스럽고 자유로운 무드, 편안하지만
멋스러운 스타일, 오래 두고 입을수록 애정이
생기는 옷들을 선보이는 패션 브랜드를 꿈꾸고
있다. 결국 브랜드는 만드는 사람의 철학과
취향을 닮아 가게 되어 있다. 더캐리의
브랜드들도 연령대는 다르더라도 내 일상과
감정, 취향이 녹아 있는 결과물이고, 앞으로도
그렇게 진화해 갈 거라고 생각한다.
내가 평소에 가장 즐겨 입는 스타일은
오버사이즈 재킷과 데님 팬츠다. 단점을
자연스럽게 커버할 수 있는 연출을 중요하게
생각하며 스타일링 하는 편이다. 스트라이프
보트넥 라인의 티셔츠를 특히 좋아하고,
마린룩처럼 깔끔하면서 경쾌한 스타일에 끌린다.
편안하지만 심플하고 세련된 리조트룩도

좋아해서 여행지에서는 그런 무드의 스타일링을 자주 즐기는 편이다. 요즘 특히 좋아하는 브랜드는 생로랑Saint Laurent이다. 시크한 슈트 핏과 시간이 지날수록 멋스러워지는 오버사이즈 가죽 재킷에 완전히 빠졌다. 뉴욕 브랜드 보디Bode도 좋아한다. 빈티지한 감성에 중성적인 실루엣, 그리고 여성적인 디테일이 섬세하게 녹아 있는 디자인이 매력적이다. 그중에서도 자수가 가득한 워크 재킷과 니트는 꼭 하나쯤 소장하고 싶은 아이템이다. 마치 오래된 가족의 물건을 물려받은 듯한 따뜻한 감성이 느껴진다. 국내 디자이너 브랜드 중에서는 잉크EENK와 렉토RECTO를 자주 입는다. 특히 중요한 자리에서는 이 두 브랜드의 아이템을 고르는 일이 많다. 가끔은 시뉴Sinoon처럼 소녀 같은 감성도 즐기고, 편하게 입을 때는 클로브clove나 프리터FRITUR 같은 브랜드도 즐겨 입는다. 호불호가 확실한 편이긴 하지만, 그래도 한두 브랜드만 고집하기보다는 다양한 브랜드와 스타일을 시도해 보는 걸 즐긴다.
내 스타일을 전면에 내세우는 걸 즐기는 성격은

아니지만, 가끔씩 개인 SNS에 출근 룩이나 OOTD를 올리면 생각보다 반응이 좋다. 감사하게도 〈어디 브랜드 옷이에요?〉, 〈스타일 너무 멋져요〉 같은 메시지를 자주 받는데, 그럴 때마다 내가 좋아하는 스타일에 공감하는 분들이 많다는 걸 새삼 느낀다. 그래서 요즘은 내가 직접 착용한 룩을 자주 공유하려고 노력하고 있다. 나의 평소 출근 룩은 일정에 따라 유동적으로 스타일이 바뀐다. 하루 종일 사무실에서 디자인실 컨펌을 봐야 하는 날에는 움직이기 편하고 실용적인 옷차림이 필수여서 〈전투 복장〉이라고 부를 수 있는 편안한 캐주얼을 입는다. 반대로 중요한 미팅이나 외부 행사 일정이 있는 날에는 슈트나 셋업 종류를 자주 입는다. 깔끔하고 단정하지만 스타일은 놓치지 않으려고 한다. 그 외 평범한 날에는 그날의 기분이나 일정에 맞춰 옷을 고른다. 아무 생각 없이 대충 입었는데도 스타일이 마음에 드는 날에는 이상하게 일도 잘 되는 느낌이 들어서 요즘은 자연스럽고 꾸민 듯 안 꾸민 듯한 〈꾸안꾸〉 스타일에 더 신경을 쓰게 된다.

액세서리도 좋아하는 편인데 내가 특히 좋아하는 아이템은 키링이다. 가방에 좋아하는 캐릭터나 감성 소품들을 이것저것 주렁주렁 달아 두면 의외로 산뜻하게 기분 전환이 된다. 백을 꾸미듯이 가방마다 어울리는 키링을 달거나 컬러별로 매칭을 하는 재미도 있다. 이런 소소한 변화가 일상의 즐거운 포인트가 되기도 한다.

휴대폰 케이스도 좋아하는 액세서리로 손꼽을 수 있다. 우연히 눈에 띄는 새로운 브랜드나 캐릭터 케이스를 보면 한번쯤 써보고 싶은 생각이 든다. 그날의 기분이나 옷차림에 따라 케이스를 바꾸기도 한다. 어찌 보면 작은 소품이지만, 일상 속 스타일에 감성과 위트를 더해 주는 중요한 요소들이다.

계절마다 패션에 대한 관심사니 좋아하는 룩도 달라진다. 봄, 가을에는 가벼운 재킷에 데님이나 슬랙스를 매치하는 스타일을 좋아하고, 여름에는 스트라이프 티셔츠나 원피스처럼 시원하고 간결한 리조트 무드의 패션을 즐겨 입는다. 겨울에는 오버사이즈 코트나 패딩, 머플러 같은 아이템으로 포인트를 주면서 전체적으로 톤 다운된 차분한 스타일을 자주 입는다. 구조감 있는 테일러드 아이템, 빈티지 셔츠, 유니크한 신발처럼 클래식 안에서 나만의 위트를 찾는 것 또한 좋아한다. 결국 내 출근 룩의 기준은 〈나를 편안하게 해주면서도 하루를 잘 보내게 해주는 옷〉인 것 같다. 스타일이 삶의 에너지를 바꾸는 힘이 있다고 믿기 때문에 옷 한 벌이라도 나름 의미 있게 고르려고 하는 편이다.

라이프스타일에도 많은 관심을 갖게 됐다. 예전에 일산에서 살던 단독 주택은 여러 매체에 소개된 적도 있었는데, 그때는 북유럽 인테리어에 푹 빠져 있었다. 컬러풀한 가구와 소품으로 집안을 생기 있게 꾸미는 일에 큰 재미를 느꼈다. 당시에는 공간마다 포인트 컬러를 주는 걸 좋아해서 라이프스타일 숍을 구경하면서 다양한 디자인 브랜드의 가구나 아트 피스를 하나씩 소장하는 즐거움이 있었다. 서울로 이사하면서 완전히 스타일이 바뀌었다. 모든 컬러를 걷어 내고, 블랙 앤 화이트 중심의 모던한 인테리어에 빠지게 된 것이다. 지금은 그 분위기를 계속 유지하고 있다. 집은 내게

〈잘 자고, 잘 먹고, 잘 쉴 수 있는〉 가장 이상적인 공간이다. 그래서 군더더기 없는 미니멀한 스타일과 깔끔한 동선, 조용하고 안정감 있는 분위기를 더없이 중요하게 생각한다. 아이들과 거리감 없이 자연스럽게 소통할 수 있는 구조도 정말 중요하다. 가족이 서로의 생활을 자연스럽게 공유할 수 있는 동선과 필요할 때는 각자의 공간에서 편히 쉴 수 있는 여유도 함께 갖추려고 한다. 인테리어는 결국 가족의 라이프스타일을 담는 그릇과 같다. 요즘 눈이 머무는 라이프스타일 브랜드는 꾸준히 해이HAY, 무토Muuto, 노만코펜하겐normann COPENHAGEN 같은 북유럽 브랜드들이다. 가구 편집숍인 에이치픽스HPIX에서 큐레이션 한 제품들도 스타일이 맞아 자주 눈여겨보고 있다. 최근에는 이탈리아 브랜드인 아르떼미데Artemide 조명에 꽂혀 있다. 공간에 깊이와 분위기를 더하는, 조명이 주는 힘을 새삼 알게 됐다. 그 자체로 하나의 조형물이 되는 디자인도 선호한다. 선이 강하고 예술적인 드세데de Sede의 오브제나 프랑스 건축가 르코르뷔지에가

디자인한 클래식하면서도 깊이 있는 가구에
끌린다. 놀Knoll처럼 구조적이고 간결한 디자인,
시대에 상관없이 클래식한 무드를 가진 디자인
아이콘 같은 가구에도 큰 매력을 느낀다.
그렇다고 넘치게 과한 것만 추구하진 않는다.
덴마크 브랜드 볼리아BOLIA처럼 심플하면서도
기능과 형태의 균형을 잘 이루는 디자인 또한 내
취향에 잘 맞는다. 요즘은 규모가 큰 가구 외에도
향, 조명, 패브릭 아이템 등 작은 오브제가
선사하는 변화들을 즐기고 있다. 선뜻 사기엔
가격 부담이 있지만 오래 고심하고 위시리스트에
있던 것들을 하나씩 사 모으는 재미가 있다.
취향을 말한다는 건, 내가 살아온 방식과 내가
무엇을 소중히 여기는지를 고백하는 일과 같다.
그 취향은 어느 날 갑자기 생겨나는 것이 아니라,
오랜 시간 동안 쌓인 감정, 경험, 관계들 위에
자라난다.
나는 신혼 시절, 중고 가전과 이케아 소파 하나로
시작했다. 110만 원짜리 혼수였다. 그때의 나는
부족했지만, 언젠가 꼭 갖고 싶던 르 코르뷔지에
LC 소파와 루이스 폴센 조명을 집에 두고 싶은

로망을 품고 있었다.

시간이 흐르며 하나씩 위시리스트를 채워 가는 과정은 단순한 소비가 아니라, 내 삶을 어떻게 살아가고 싶은지에 대한 선언이었다. 그 작은 소망들이 쌓여 지금의 나를 만들었고, 내가 만든 브랜드와 회사에도 자연스럽게 녹아들었다.

가장 중요한 건, 〈시간이 흘러도 질리지 않는 것〉이다. 유행보다 오래 남는 잔잔한 힘. 첫눈에 화려하게 다가오진 않지만, 시간이 지날수록 마음 깊숙이 스며드는 것.

여행도 그렇다. 예전엔 새로운 도시를 탐험하고 멋진 호텔에 머무는 것에 설렜다면, 지금은 익숙한 곳, 마음이 편안해지는 공간이 더 소중하다. 그래서 나는 여전히 하와이 마우이의 안나즈 호텔을 잊지 못한다. 그곳은 눈앞의 풍경보다도, 내 마음이 가장 잘 쉴 수 있었던 장소였기 때문이다.

커피는 아침의 의식처럼 꼭 한 잔. 향은 오래 머무는 우디 계열을 좋아하고, 패션은 구조감 있는 테일러드, 빈티지 셔츠, 유니크한 슈즈처럼 클래식 안에서 나만의 위트를 찾는 것을 즐긴다.

사람들과의 관계는 많지 않아도 된다. 수십 명의 인연보다, 서로를 진짜로 아는 한두 명이면 충분하다.

이런 나의 취향과 라이프스타일은 결국 내가 만든 브랜드에도 고스란히 영향을 준다. 피할 수 없는 연결이며, 때로는 브랜드보다 더 중요한 본질이 된다.

나는 늘 생각한다. 내 본연의 모습을 지키고 가꾸는 것이야말로 내 브랜드의 방향을 지키는 일이라는 것을.

이 글을 읽는 독자들에게도 전하고 싶다. 우리는 흔히 〈어떤 환경 속의 나〉, 〈어떤 직함을 가진 나〉, 〈어떤 관계 속의 나〉를 먼저 떠올리곤 한다. 하지만 그런 꼬리표들을 모두 떼고 나면, 과연 나는 어떤 사람인지, 무엇을 좋아하고, 어떤 감정에 반응하며, 어떤 리듬으로 살아가는 사람인지를 진짜로 마주해야 한다. 그 〈나〉가 분명해질수록 삶의 방향도, 일의 결도 흔들리지 않는다.

결국 취향이란, 화려하게 꾸미는 무엇이 아니라 〈내가 누구인지 잊지 않게 해주는 가장 조용하고도 강한 목소리〉다. 그 목소리를 따라 살아온 덕분에 나는 흔들리지 않고 여기까지 올 수 있었다.
그리고 앞으로도 나는, 내 취향이라는 가장 솔직한 나침반을 따라 더 멀리, 더 높이 걸어갈 것이다.

한남동 사옥 내 집무실 전경.

내가 꿈에 그리던 가구들.

서울로 이사한 후부터 컬러를 뺀 모노톤의 가구를 선호하게 되었다.

내가 가장 좋아하는 LC4 라운지 체어.

## 자주 받는 질문들

저는 늘 수많은 질문들을 받습니다. 이제 막
사업과 브랜드를 시작하려는 사람들, 브랜드를
더 확장하며 내실을 다져 나가야 하는 단계인
사람들, 언제나 치열한 패션 업계에서 일하는
사람들, 그리고 저처럼 고군분투하며 오늘도
열심히 일과 육아에 매진하는 워킹맘… 지금까지
제가 살아왔던 상황과 위치에 직면한 분들이
저의 생각이나 해결 방법을 궁금해 하시는 거죠.
그래서 제가 자주 받는 질문들을 모아
보았습니다. 예전에는 길이 보이지 않았지만
지금은 명확해진 것도 있고, 저 역시 아직까지
해결 방법을 찾는 중인 것도 있지만 이렇게 함께

나누는 것만으로도 모두에게 힘이 될 수 있지 않을까 조심스레 기대해 봅니다.

아동복 브랜드를 준비 중인 예비 창업가입니다. 창업의 시작 단계에서는 어떤 마음가짐을 가져야 할까요?

브랜드를 만들 때는 자신이 진짜 좋아하고 관심을 갖고 있으며 잘할 수 있는 분야에서 출발하는 게 좋아요. 저도 단순히 제 아이를 위해 시작한 일이 지금의 규모 있는 회사로 성장하게 된 것처럼 진정성 있는 시작은 결국 브랜드를 올바른 방향으로 이끌어 줍니다. 어떤 브랜드도 처음부터 완벽할 수는 없어요. 시작한 후에 시장과 고객들의 반응을 보면서 빠르게 배우고, 유연하게 수정하는 자세를 가지는 것도 좋습니다. 너무 오래 걱정만 하지 말고 일단 도전해 보세요.

대표님처럼 일과 육아를 잘해 내고 싶은 워킹맘입니다. 하지만 업무가 바쁜 시즌이 되면 아이들을 잘 챙겨 주지 못해서 미안한 마음에 많이 지치곤 합니다. 대표님께서는 그런 순간을 어떻게 극복하셨나요?

워킹맘들은 일도, 육아도 완벽하게 해내야 한다는 부담을 많이 느껴요. 물론 저도 마찬가지고요. 하지만 모든 걸 다 잘하려고 하면 몸도 마음도 지치게 마련이에요. 저는 업무는 무조건 평일에 다 몰아서 하고 주말에는 최대한 아이들을 위해 집중할 수 있는 시간을 보내면서 철저하게 공과 사를 분류했어요. 일 역시 가능하면 제가 모든 걸 다 책임지거나 총괄하려 하지 않고 전문가들에게 적절하게 위임하고 동료들과 분배하면서 융통성을 발휘했고요. 흔히 시간 배분이 중요하다고 생각하는데 저는 그보다 지금 가장 우선순위인 일에 에너지를 집중하고 불필요한 일들은 과감히 덜어 내는 〈에너지 관리〉, 그리고 나 자신을 돌보는 〈건강 관리〉가 더욱 중요하다고 생각합니다. 건강과 에너지가 부족하면 일과 육아, 어떤 것도 잘해 내기 어려울 테니까요. 누군가의 도움이 필요하다면 깊게 고민하지 말고 가족과 친구들에게 곧바로 부탁을 하는 것도 좋습니다. 혼자서는 모든 걸 다 잘할 수 없어요. 그걸 인정하는 순간, 오히려 많은 일들이 해결되기 시작할 거예요. 저는 육아 초창기에 같은 고민을 하는 워킹맘, 여성 창업가들, 멘토와 동료들과의 네트워크가 있다면 정말 좋겠다고 생각했어요. 그래서 기회가 될 때마다 워킹맘 동생들이나 후배들에게 저의 경험을 나누고 시행착오와 노하우를 얘기하며 응원하곤 해요. 서로 의지가 되고, 좋은 자극도 받고, 함께 협력하며 성장하는 관계를 만드는 것도 무척 중요합니다.

> 퇴직을 심각하게 고민하고 있는 워킹맘이에요. 저는 아이와 함께해 주지 못하는 것에 대한 죄책감을 느낄 때가 많은데요. 오늘 아침에도 아이가 현관 앞에서 〈엄마, 오늘은 회사 안 가면 안 돼?〉 하면서 울어서 저도 눈물이 나오려는 걸 꾹 참고 출근했습니다. 대표님도 이런 적이 있으셨나요?

당연히 자주 있었죠. 유치원에서 하원할 때 엄마가 집에 있으면 좋겠다고 하는 말은 매일 했고요. 가끔 출장을 떠날 때면 현관 앞에서 제 다리를 붙잡고 얼마나 서럽게 울던지, 그런 아이를 두고 나오는 제 마음도 편하지는 않았어요. 하지만 저는 엄마가 자신의 일을 멋지게 해내는 모습을 보여 주는 것 자체가 아이에게 올바른 교육이자 삶의 좋은 본보기가 될 수 있다고 생각했고 그 순간부터는 아이들에게 너무 미안해 하지 않기로 했어요. 미안함과 죄책감은 제가 일하는 데에도 전혀 도움이 되지 않으니까요. 지금은 아이들이 엄마의 일을 이해하고 존중하며 응원해 주고 있습니다. 자신의 일에 확신과 자부심을 갖고 일해야 나 자신의 행복 지수도 올라갑니다.

〈내 아이들에게 입히고 싶은 옷을 만들었다〉는 브랜드 철학이 무척 인상 깊었습니다. 시작이 남다른 만큼 아이들의 성장이 브랜드에도 많은 영향을 주었을 것 같은데요.

아이들은 늘 저희의 뮤즈이자 가장 솔직한 평가자였습니다. 베베드피노 초창기부터 첫째 솔이는 2살부터 12살까지 피팅 모델로 활동했고, 둘째 결이는 태어나면서부터 베이비 피팅을 시작해 키즈 라인까지 이어졌죠. 그 과정에서 아이들은 단순히 옷을 입는 모델이 아니었습니다. 옷을 입은 후에 움직여 보고 불편하거나 좋은 점을 곧바로 평가해 주는 〈작은 크리에이티브 디렉터〉였어요. 아이들의 거침없고 솔직한 품평이 브랜드의 디자인과 제품 완성도를 높여 주었습니다. 무엇보다 아이들의 성장 과정은 곧 브랜드의 성장 과정이기도 했습니다. 아이들의 키와 사이즈가 커지고 취향이 변하면서 저 역시 그에 따라 자연스럽게 새로운 디자인 방향과 소재를 고민하게 됐고 그 변화가 브랜드의 폭을 넓히는 계기가 됐죠. 더캐리의 출발점과 끝에는 언제나 아이들이 있다고 생각합니다.

> 평탄하게 성공 가도만 달렸을 것 같은 대표님께도 크고 작은 실패의 순간이 있으셨을

거라고 생각합니다. 실패를 통해 배운 가장 큰 교훈은 무엇이었나요?

지금까지 경험한 가장 큰 실패는 시장과 고객의 마음을 정확히 읽지 못하고 서둘러 진행했던 프로젝트였습니다. 제품만 잘 만들면 성공할 거라고 생각했지만 방향과 타이밍을 놓친 경험은 큰 손실로 이어졌죠. 그때 깨달았습니다. 브랜드는 〈내가 하고 싶은 것〉을 만드는 게 아니라 〈고객이 기다리는 것〉을 만드는 일이라는 것을 말이죠. 무엇보다 중요한 건 실패를 숨기지 않고 팀과 함께 분석하고 나누는 용기도 필요했습니다. 그 이후부터 저는 모든 의사 결정에서 스스로에게 묻습니다. 〈이건 우리 고객이 정말로 원하는 것일까? 이 제품이 고객들의 하루를 더 좋게 만들 수 있을까?〉 그 질문이 브랜드의 방향타 역할을 하며 우리가 길을 잃지 않게 해줍니다. 덕분에 지금은 단기 성과보다 고객의 목소리와 시장의 흐름을 먼저 살피고, 충분히 준비된 타이밍에 실행하는 습관이 생겼습니다. 실패의 기억은 쓰리고 아쉽지만, 그 덕분에 브랜드를 더 오래 숨 쉬게 하는 힘을 배웠어요. 다시는 같은 실수를 반복하지 않기 위해 늘 고객의 자리에서 브랜드를 바라보려고 합니다.

> 지금까지 많은 브랜드를 운영하면서 가장 뿌듯했던 순간은 언제였나요?

제가 만든 옷을 아이들이 입고 있는 것을 바라보는 순간입니다. 우연히 거리에서, SNS 피드에서 베베드피노의 옷을 입은 아이의 사진을 볼 때마다 〈이건 단지 한 벌의 옷이 아니라 이 아이의 하루 중의 소중한 한 장면이구나〉라는 생각이 들어요. 해외여행 중에 현지 아이들이 우리 옷을 입고 뛰어 놀고 있는 것을 본 적이 있는데 말로 다 표현하기 힘든 전율과 기쁨을 느꼈습니다. 낯선 도시의 골목에서 우리의 옷이 아이에게 편안함과 웃음을 주고 있는 순간은 오랫동안 제 마음속에 사진처럼 또렷하게 새겨졌죠. 그건 매출이나 성과로는 환산할 수 없는 저만의 보람이자 보상입니다. 그 순간만큼은 제가 하는 일이 단순히 옷을 파는 것이 아니라 누군가의 추억과 행복을 만드는 일이라는 걸 온전히 느끼게 되죠.

> 아이들을 위해 옷을 만들고 부부가 공동 대표인 가족 기반의 브랜드를 운영하다 보면 가족이 대표님에게 더욱 큰 의미가 될 것 같습니다. 가족의 존재가 대표님의 일에 어떤 영향을 주었나요?

첫째는 원동력이에요. 아이들에게 부끄럽지 않은 엄마, 부모님에게 자랑스러운 딸이 되고 싶은 마음이 저를 여기까지 이끌었습니다. 엄마가 돌아가신 뒤에 아빠는 제 곁에서 아이들을 키우고 집안을 돌보며 제가 일에 집중할 수 있도록 가장 든든한 버팀목이 되어 주셨어요. 저에게는 가족이 단순한 사적인 영역이 아니라 제 일의 기반입니다.
둘째는 책임감입니다. 제가 하는 선택과 결정이 저 혼자만의 문제가 아니라 가족의 삶과 미래에 직결된다는 사실이 늘 저를 신중하게 만들었거든요. 때로는 지치고 힘들 때도 있었지만 아이들이 〈엄마, 멋있어〉라고 말할 때, 남편이 조용히 〈잘하고 있어〉라고 격려해 줄 때 저는 다시 일어설 수 있었습니다. 가족은 제 성공의 이유이자, 실패를 견디게 하는 힘입니다. 그리고 무엇보다 제가 꿈꾸는 미래를 함께 그려 가는 저의 동반자죠.

> 소도시에서 로컬 기반의 라이프스타일 브랜드를 운영하고 있습니다. 업종은 다르지만 대표님께서 브랜드를 개발하고 운영하시는 과정을 보면 놀라움과 감탄을 느낄 때가 많은데요. 대표님께서 브랜드를 운영할 때 중요하게 생각하시는 건 무엇인가요?

사업을 하다 보면 숫자, 매출, 전략도 중요하지만 결국 브랜드를 만드는 건 사람입니다. 좋은 팀을 꾸리는 것도, 고객과 진정성 있는 관계를 맺는 것도 모두 사람을 기반으로 형성되는 일이거든요. 브랜드의 가치는 브랜드를 만들어 가는 사람, 그리고 그 브랜드의 상품을 선택하는

사람들의 스토리로 비로소 만들어진다고
생각해요. 그 다음으로는 브랜드만의 분명한
철학과 이유를 만드는 것도 중요하다고 봅니다.
브랜드를 시작하게 된 이유, 사람들에게
브랜드를 통해 전달하고 싶은 가치, 동종의 다른
브랜드와 차별화된 부분 등을 명확하게 해야
해요. 하지만 최종적으로 브랜드를 운영하는
것은 곧 비즈니스이기 때문에 재정적으로 구조가
탄탄해야 지속적인 성장을 이룰 수 있습니다.
생산 비용과 마진 구조, 유통 전략, 판매
데이터를 꾸준히 관리하며 매출 관리에도 각별한
신경을 써야 하고요. 안정적인 매출을 위해서는
잘 팔리는 상품과 브랜드 아이덴티티를 대표하는
상품을 조화롭게 운영하는 것도 중요해요.
베이직한 에센셜 라인을 바탕으로 하면서
브랜드를 대표하는 시그니처 라인들을 놓치지
않고 매시즌마다 트렌디하고 새로운 콘셉트를
조금씩 보여줘야 브랜드의 틀 안에서 늘 새로운
느낌을 줄 수 있습니다.

   작은 규모의 여성복 브랜드를 운영하고

있습니다. 하지만 너무나 빠르게 바뀌는 트렌드와 고객들의 취향을 좇아가느라 어떨 때는 브랜드의 본질과 정체성이 흔들리는 느낌마저 들어요. 대표님은 이런 상황에 어떻게 대처하셨나요?

저는 트렌드보다 브랜드의 본질적인 가치와 정체성을 지키는 것이 먼저라고 생각합니다. 단순히 유행을 따라가는 데 급급하다 보면 고객의 기억에 오래 남기가 어려워요. 브랜드의 감성과 철학 위에 트렌드를 자연스럽게 녹이는 방법을 고민해 보세요. 만약 트렌드와는 다르지만 브랜드만의 방향성이 명확하다면 뚝심 있게 그 길을 걸어가는 것도 좋습니다. 베베드피노 특유의 귀여운 프린트와 밝은 색감을 초창기에는 오히려 생소하게 생각하는 고객들이 있었어요. 하지만 지금은 베베드피노와 비슷한 스타일의 유아동복 브랜드가 많이 생길 만큼 새로운 스타일과 트렌드를 창조하고 이끌었다고 생각합니다. 사실 패션 업계에서는 단순히 트렌드를 따라가는 것이 아니라 한발 앞서 새로운 트렌드를 제안하는 브랜드가 주목을 받아요. 글로벌 트렌드, 소비자 변화, 라이프스타일 패턴까지 지속적으로 분석하고 반영해야 합니다. 빠르게 시도하고, 빠르게 수정하는 유연한 자세가 중요해요. 이런 변화가 없다면 브랜드는 뒤처질 수 있고 고객들에게도 쉽게 잊힐 거예요. 아동복 브랜드에서도 성인복 트렌드와 방향을 잘 알고 있어야 하는 이유죠. 패션뿐 아니라 F&B, 문화 예술계의 변화도 놓쳐선 안 돼요. 식생활과 예술의 모든 영역이 좋은 영감이자 자극이고 디자인과 밀접한 연관성이 있거든요.

> 베베드피노의 성공 이후에 안주하지 않고 아이스비스킷과 캐리마켓이라는 새로운 분야와 브랜드를 확장해 나가시는 모습이 놀라웠습니다. 도전을 두려워하지 않으시는 비결이 있을까요?

무엇보다 자기 자신에 대한 믿음을 가져야 한다고 생각해요. 내가 만든 브랜드와 일을

진정으로 사랑하고, 그 가치를 믿는다면
흔들리지 않고 나아가야 합니다. 저도 처음
베베드피노를 시작할 때는 아동복이어서,
아이스비스킷 기획 단계에서는 주니어 브랜드는
절대 스포츠와 SPA 브랜드를 이길 수 없어서
성공하기 어렵다는 말을 많이 들었어요.
캐리마켓을 준비할 때도 국내에서 이런
편집숍이나 플랫폼의 성공 사례가 전무하다는
말들이 있었죠. 그렇지만 누구보다 제가 필요한
브랜드와 아이템을 만들고 싶었고 그에 대한
확신이 있었기 때문에 남들이 뭐라고 하든 내
길을 간다는 확신을 갖고 포기하지 않았어요. 나
자신에 대한 확신과 믿음만큼 중요한 건
없답니다.

베베드피노의 오랜 고객입니다. 아이가 태어날
때부터 베베드피노 베이비 라인을 구입하기
시작했는데 이제는 아이스비스킷 가방을 메고
초등학교에 가네요. 곧 늦둥이인 둘째의
출산을 앞두고 있어서 요즘 다시 베베드피노의
베이비 라인을 살피는 중입니다. 저처럼

더캐리 브랜드로 아이들을 키우고 있는
고객들이 많을 것 같은데 고객들이 다시 찾게
만드는 브랜드만의 매력은 무엇이라고
생각하시나요?

베베드피노의 역사를 함께하고 계신 고객님, 반갑습니다. (웃음) 저는 브랜드를 운영할 때 제품이나 서비스 면에서 고객과 이렇게 장기적인 관계를 맺는 것이 가장 중요하다고 생각합니다. 새로운 고객을 유치하는 것보다 기존 고객이 브랜드를 계속 찾게 만드는 것을 소중하게 생각하고 실제로 감사하게도 그런 고객님들이 참 많아요. 트렌드에 흔들리지 않고 각 브랜드만의 철학과 가치를 잘 지켜 온 것도 비결이 아닐까 싶습니다. 명확한 브랜드 철학과 잘 쌓은 아카이브가 곧 브랜드의 역사와 전통이 된다고 생각해요. 아직 우리나라에 100년이 넘는 헤리티지를 갖고 있는 아동복 브랜드가 전무한데 저희가 감히 도전해 보고 싶습니다. 언젠가 베베드피노와 아이스비스킷을 입고 자란 아이가 결혼 후 엄마가 되어 다시 베베드피노를 구입하는 서사가 완성된다면 정말 기쁠 것 같아요.

> 요즘의 패션 브랜드는 단순히 옷을 판매하는 것은 물론이고 고객과 취향과 경험을 함께 나누고 공유하는 시대가 되었습니다. 저는 캐리마켓이 그런 취지에 딱 맞는 공간이라고 생각해요.

캐리마켓이 품고 있는 비전과 방향을 알아채고 공감해 주셔서 감사해요. 말씀하신 대로 이제 브랜드는 제품 판매의 단계를 넘어 고객과 브랜드가 지속적으로 소통할 수 있는 SNS 활동, 오프라인 경험, 다양한 협업 등을 긴밀하게 활용해야 합니다. 캐리마켓을 처음 구상할 때도 매장 유지 비용에 대한 부담이 크긴 했지만, 온라인과 오프라인을 연결하며 고객들을 가까이에서 만나는 커뮤니티 공간이 반드시 필요하다고 생각했어요. 앞으로도 캐리마켓에서 이루어지는 클래스나 전시, 팝업 행사를 통해 더캐리의 다양한 브랜드가 더 많은 사람들에게 자연스럽게 스며들게 될 거라고 생각합니다.

브랜드가 지속적으로 성장하기 위해 지켜야 할 것은 무엇이라고 생각하세요?

무조건 〈더 크고 빠르게〉를 바라기보다는 〈더 단단하고 건강하게〉 성장해 가는 것이 중요하다고 생각해요. 단기적인 성장을 위해 무리한 확장을 하다 보면 결국 유지하기가 어려워집니다. 브랜드와 시장 상황에 맞게 한 단계씩 차근차근 안정적으로 성장하는 것이 조금 느리게 느껴져도 장기적으로 봤을 때는 브랜드를 위한 더 좋은 전략이 될 수 있어요. 속도보다는 방향을 중요하게 생각하고 지금의 방향이 맞는지 끊임없이 체크해야 합니다. 방향이 맞지 않다면 속도는 더 이상 의미가 없게 될 테니까요.

대표님의 일상 속 매일의 바쁜 일상 속에서 스스로를 돌보고 성장하기 위해 매일 실천하는 습관이나 루틴이 있으신가요?

저의 하루 루틴은 단순하지만 제법 확고해요.
늦은 시간까지 약속을 만들지 않는 거죠. 특별한
이슈가 있을 때는 어쩔 수 없지만 저녁 행사나
약속은 최대한 줄이고 늦어도 밤 9시면
귀가하려고 해요. 마치 신데렐라처럼요. (웃음)
그후에는 반신욕을 하거나 하루를 정리하며
잠시라도 멍하니 있는 시간을 갖죠. 그 짧은
〈비움의 시간〉이 다음날을 버티게 해줄 좋은
에너지를 채워 넣는 저만의 방식입니다. 바쁘게
달리는 일상 속에서도 이 시간만큼은 절대로
양보하지 못해요. 그리고 평소에 최대한
긍정적인 에너지를 갖고 생활하려고 노력합니다.
사실 저의 긍정적인 성격은 타고난
성향이기보다는 선택적인 태도예요. 사업을
하거나 한 가정의 엄마로 살다 보면 매일 크고
작은 위기들이 찾아옵니다. 그럴 때마다 〈이걸
기회로 만들 수 있을까?〉라는 긍정적인 질문을
스스로에게 던져요. 좋은 에너지는
전파되거든요. 제가 웃으면 직원들도, 아이들도,
심지어 고객들까지도 그 에너지를 느낄 수
있다고 믿어요. 제 주변의 공기와 분위기를

바꾼다는 마음으로 긍정적인 자세를 가지려고
노력합니다.

　대표님께서 갖고 계신 삶의 가치관은
　무엇인가요?

저의 삶을 이끄는 가장 큰 가치는 진정성입니다.
브랜드를 만들 때도, 아이를 키울 때도, 사회에
기여할 때도 겉으로 보이는 것보다 진정으로
〈내가 믿을 수 있는지, 내 마음이 담겨 있는지〉를
먼저 봅니다. 첫째 솔이를 위해 만든
베베드피노와 아이스비스킷, 둘째 결이를 위해
만든 베이비 라인, 그리고 부모님을 떠올리며
시작한 기부 활동까지, 모두 누군가를 향한
진심에서 시작된 일이었어요. 저는 제가 만든
옷을 제 아이에게 입힐 수 있어야 하고, 제가
말하는 한마디가 제 마음에 부끄럽지 않아야
합니다. 모든 일에 진정성을 담고 싶은 것이 제가
지키고 싶은 삶의 기준이자, 앞으로도 변하지
않을 저의 가치관입니다.

**Epilogue**

# 언제나 함께여서 든든합니다

먼저, 이 여정을 함께 만들어 가는 우리 더캐리 크루들. 브랜드를 누구보다 깊이 이해하고, 진심을 다해 고객들과 소통해 주는 여러분 덕분에 더캐리는 오늘도, 그리고 내일도 흔들림 없이 나아갈 수 있습니다. 이 책은 제가 쓴 이야기이지만, 사실은 우리 모두가 함께 만들어 낸 기록이자 성장의 발자취예요. 매일의 고민과 노력, 성실한 시간들이 지금의 더캐리를 만들어 주셨습니다. 정말 고맙고, 언제나 함께여서 든든합니다.

이름 하나하나 다 적을 수는 없지만 늘 응원과 위로, 격려를 아끼지 않는 수많은 언니, 친구,

동생들에게도 깊은 감사를 전합니다. 지치고 흔들릴 때 건네준 말 한마디, 따뜻하게 바라봐 주는 시선 하나가 저를 다시 일으키고 앞으로 나아가게 해주었어요. 여러분의 존재는 제게 큰 위로이자 힘이었습니다. 진심으로 고맙습니다.
제 인생의 파트너이자 더캐리의 든든한 공동대표인 사랑하는 남편, 윤중용 대표님. 일에서든 삶에서든 늘 한결같이 묵묵하게 곁을 지켜 준 당신 덕분에 지금의 제가 있고, 지금의 더캐리가 있습니다. 수많은 선택의 순간마다 함께 고민해 주고, 제가 놓치는 부분을 누구보다 날카롭게 짚어 주며 늘 균형을 잡아 준 당신에게 진심으로 고맙습니다. 앞으로도 함께 걸어가요. 늘 사랑합니다.
구미에서 항상 저희 가족을 따뜻하게 응원해 주시는 시부모님. 멀리서도 한결같은 기도와 믿음으로 저희를 지켜봐 주시는 그 마음이 저에게 얼마나 큰 위로와 힘이 되는지 몰라요. 묵묵히 응원해 주시고 늘 따뜻하게 품어 주셔서 진심으로 감사드립니다. 더 좋은 며느리, 더 좋은 사람이 되도록 늘 노력할게요.

어릴 적엔 가까운 사이만은 아니었지만, 엄마와
아빠를 떠나보낸 뒤 가장 깊은 위로가 되어 준 내
동생, 민정이. 누군가는 유난하다고 할지 몰라도,
서로밖에 없기에 더 단단해진 자매라는 걸
우리는 알고 있어. 지금은 제 몫을 묵묵히 해내며
조용히 성장하고 있는 너의 모습이 참 고맙고
든든해. 그리고 널 아낌없이 사랑해 주는 좋은
사람과 함께하고 있음에 더욱 감사해. 앞으로는
언니보다 제부에게 더 의지하면서 두 사람만의
단단한 삶을 잘 만들어 가길 바란다. 우리 모두가
기다리는 조카 베이비. 올해는 꼭 반가운 소식이
있기를. 지금 이 시간들이 힘들겠지만 너를
엄마가 될 준비로 이끌어 주고 있다고 믿어.
마음을 천천히 다잡고, 몸도 잘 돌보며 기쁘게
기다려 보자. 늘 네 편에서 응원할게.
내 인생의 가장 큰 영감이자 매일을 살아가는
이유가 되어 주는 사랑하는 솔이, 결이에게.
너희가 있어 이 길을 시작할 수 있었고, 지금도
그 길을 멈추지 않고 걸어갈 수 있어. 〈엄마〉라는
이름은 때때로 버겁고 조심스럽지만, 너희
덕분에 세상에서 가장 따뜻하고 단단한 이름이

되었어. 솔이는 엄마에게 브랜드의 시작이 되어
주었고, 결이는 그 여정을 더 깊고 풍성하게 채워
준 존재야. 너희가 자라는 모습을 바라보며
엄마도 함께 성장할 수 있었단다. 너희가 내게 준
사랑, 웃음, 위로, 감동… 그 모든 순간들이
지금의 나를 만들었어. 엄마는 앞으로도 너희의
가장 든든한 편이자, 무한한 가능성을 믿어 주는
첫 번째 사람이 될게. 존재만으로도 빛나는 내
딸들, 솔이, 결이. 엄마의 인생을 아름답게 밝혀
줘서 정말 고맙고, 누구보다 사랑해.
마지막으로, 지금은 하늘에서 조용히 저를
지켜보고 계실 사랑하는 엄마, 아빠!
엄마의 전부였고, 엄마의 우주였던 제가… 늘
걱정이 많았던 그 아이가 이제는 조금씩
단단해지고, 제 길을 꿋꿋이 걸어가고 있어요.
엄마에게 자랑스러운 딸이 되고 싶어서, 용기를
내어 이 책을 쓰게 되었어요. 조금 늦었지만,
지금 이 모습 꼭 보여 드리고 싶었어요. 부디
하늘에서 마음 편히, 따뜻하게 지켜봐 주세요. 늘
조용히 제 편이 되어 주셨던 아빠. 어떤 부탁도
단 한 번도 거절하지 않으셨고, 언제나

〈오케이〉라고 웃어 주시던 그 모습이 지금도 선명히 마음에 남아 있어요.
그리고… 그 마지막 날, 제 손을 꼭 잡고 남기셨던 한마디.
「애썼다, 은정아.」
그 말은 제 평생 잊지 못할, 가장 다정하고 따뜻한 위로예요. 아빠, 고맙습니다. 그 말 한마디로 저는 지금도 살아갈 힘을 얻어요.
두 분이 계셨기에 오늘의 제가 있고, 앞으로도 두 분의 몫까지 더 뜨겁고 정직하게 살아갈게요.
하늘에서도 늘 저를 지켜봐 주세요. 보고 싶고, 끝없이 사랑합니다.

## 이은정

이은정 대표는 사업 자금 25만원으로 시작해 1,500억 매출의 기업을
일군 패션 창업가로, 유아동복 브랜드 베베드피노와 아이스비스킷,
편집숍 캐리마켓을 성공적으로 이끌며 워킹맘이자 여성 창업가의
신화를 써 내려가고 있다. 좌절과 재기의 순간마다 멈추지 않는
실행력, 고객과의 진심 어린 소통, 사람과 관계를 중시하는 경영
철학으로 브랜드를 성장시켰으며, 오늘날 엄마이자 대표, 그리고
시대의 롤모델로 많은 워킹맘과 창업가들에게 영감을 주고 있다.

## 정윤주

『메종』,『보그걸』의 매거진 에디터를 거쳐 프리랜스 에디터 겸 콘텐츠
디렉터로 일하고 있다. 영화 속의 인테리어와 디자인을 다룬 책, 『영화
속의 방』의 저자이기도 하다. 여러 방식의 콘텐츠를 통해 각기 다른
사람들의 삶과 라이프스타일을 조명하는 것을 좋아한다.

캐리 온 KARY ON
—10년 후, 꿈꾸던 내가 되었다

지은이 이은정
인터뷰 진행·책임 편집 홍유진
글 구성·편집 정윤주
디자인 상록

발행인 홍유진
발행처 에피케
대표전화 02-334-2024
인스타그램 @epikhe_books
이메일 hello@epikhe.com
에피케는 여러분의 소중한 원고를 기다립니다.

Copyright (C) 이은정, 2025, *Printed in Korea.*

ISBN 979-11-991112-3-3 03810
발행일 2025년 9월 24일 초판 1쇄